开放大学学习指要

乐艳华　主编

团结出版社

图书在版编目（CIP）数据

　　开放大学学习指要 / 乐艳华主编 . -- 北京 : 团结
出版社，2021.7
　　ISBN 978-7-5126-8971-8

　　Ⅰ . ①开… Ⅱ . ①乐… Ⅲ . ①开放大学—教学参考资
料 Ⅳ . ① G724.82

　　中国版本图书馆 CIP 数据核字 (2021) 第 109094 号

出　　版：团结出版社
　　　　　（北京市东城区东皇城根南街 84 号　邮编：100006）
电　　话：（010）65228880　65244790
网　　址：http://www.tjpress.com
E-mail：zb65244790@vip.163.com
经　　销：全国新华书店
印　　装：岳阳鑫容印刷有限公司　0730-8613770

开　　本：170mm×240mm　16 开
印　　张：13.75
字　　数：224 千字
版　　次：2021 年 7 月　第 1 版
印　　次：2021 年 7 月　第 1 次印刷

书　　号：978-7-5126-8971-8
定　　价：48.00 元

前　言

　　为了指导和帮助开放大学系统新学员尽快熟悉开放大学学习环境，切实掌握开放大学学习方法，逐步实现"学知识、拿文凭、强能力、交朋友、谋发展、享幸福"的学习目标，2021年初，岳阳开放大学（岳阳广播电视大学）党委行政研究决定，组织精干力量成立编撰组，编撰出版《开放大学学习指要》一书，从2021年秋季起供开放大学系统新学员阅读使用。

　　经过编撰组成员大半年的精心编撰、悉心斟酌、反复修改，《开放大学学习指要》终于脱稿成型。全书由"绪论"、"入学篇"、"学习篇"、"考试篇"、"毕业篇"、"答疑篇"等六章和"附录"组成。每章尽可能紧贴开放大学办学实际，紧贴开放大学新学员学习实际，对相关的学习内容进行言简意赅的介绍，并运用表格、插图、视频截面、案例予以说明；每章末尾还安排了"思考与训练"，以抽查学员阅读学习的效果，训练学员的学习能力。"附录"收录了有关领导、有关专家、助学辅导员、学员代表在多届岳阳开放大学（岳阳广播电视大学）新学员开学典礼上的讲话、发言代表作，还精选了几篇优秀的学员小论文、毕业设计，供各位学员学习、参考、借鉴。

值此《开放大学学习指要》问世之际，我们谨向为编撰本书付出辛勤劳动的编撰者致以诚挚的谢意！同时，欢迎开放大学学员、教师和管理者对本书提出意见，以便再版时予以修订完善。

编 者

2021年6月18日

目 录

第一章 绪 论

开放大学，是我国从2012年以来在原广播电视大学系统基础上逐步建立和发展起来的新型高等学校，是我国集中力量发展终身教育的一个创举。开放大学系统，分为国家开放大学、省级开放大学、市州开放大学等三个基本层级，与原来的中央电大、省级电大、市州电大构成的电大系统相对应。

第一节 开放大学的渊源、特征与学习过程

一、开放大学的发展渊源

国家开放大学的前身，是邓小平同志于1978年亲自倡导并批准创办的中央广播电视大学。办学40多年来，国家开放大学和44所省级广播电视大学（地方开放大学）及市州分校（市州广播电视大学、开放大学）、区县工作站（区县广播电视大学、开放大学）共同组成了覆盖全国的开放教育一体化办学体系。截至2020年7月，累计招收学历教育学生2050万人，毕业学生1512万人，解决了50年代、60年代出生的两代人的学历补偿问题，走出了"先进传播手段+名师名教"的发展之路，形成了"敬学广惠、有教无类"的优良传统，开发了改革开放所需的人力资源，积累了低成本、高效益举办高等教育和面向在职人员开展职业教育的中国经验，彰显了中国特色社会主义"集中力量办大事"的制度优势。国家开放大学在全国范围内体系办学的体制创新、经验积累、实践探索，得到国内外认可。

2010年，《国家中长期教育改革和发展规划纲要（2010—2020年）》（以下简称《教育规划纲要》）提出"健全宽进严出的学习制度，办好开放大学"。同年，《国务院办公厅关于开展国家教育体制改革试点的通知》明确北京市、上海市、江苏省、广东省、云南省、中央广播电视大学开展"探索开放大学建设模式"试点。2012年7月，国家开放大学在人民大会堂正式揭牌成立，全面推进试点建设。同年，根据《国务院办公厅关于开展国家教育体制改革试点的通知》部署，教育部相继同意北京、上海、江苏、广东、云南5所省级广播电视大学更名为地方开放大学。

2020年以来，国家开放大学体系中的其他39所（25个省、自治区、直辖市，新疆生产建设兵团和13个计划单列市或副省级城市）省级广播电视大学，在之前分别参加国家开放大学"探索开放大学建设模式"试点，并以"国家开放大学分部"名义承担并实施国家开放大学在本区域的教育教学工作的基础上，先后陆续转型为"开放大学"并挂牌运转。2020年12月23日，湖南开放大学正式举行揭牌仪式，由此宣告湖南广播电视大学系统正式向湖南开放大学系统转型运行。与此同时，市州广播电视大学也陆续挂牌转型为市州开放大学。

当前，中国特色社会主义进入新时代，经济社会发展对人力资源开发提出新需求，5G（第五代移动通信技术）、大数据、人工智能等高新技术正在对教育产生革命性影响，我国高等教育正从大众化快速迈向普及化，全民学习、终身学习的学习型社会加速形成，开放大学系统迎来了新的历史性机遇。只有进一步解放思想、深化改革，才能补齐继续教育的发展短板，更好发挥开放大学系统在"构建服务全民终身学习的教育体系"中的重要作用。

二、开放大学的办学特征

我国的开放大学办学，由国家开放大学统一组织，普通高校、行业部委共同参与，省、市、县级等各级地方开放大学具体实施。国家开放大学和各级地方开放大学及教学点，利用计算机网络、卫星电视网络、电信网络有机连接的数字化、多媒体、交互式远程教学平台开展教学，为学生提供必要的面授辅导和文字教材、音像教材、多媒体课件、网络课程等学习支持服务。

开放大学的开放教育，是实现一校多区资源共享、校际之间学分互认的理想途径；是教师教育学历与非学历一体化、职前职后相衔接和沟通的有益探索；是传统教育与网络教育相互融合，构建混合学习模式的切入点。

与传统普通高等教育相比，开放大学的办学或者说开放教育的实施，具有以下四个基本特征：

（一）以学习者和学习为中心

开放教育与传统普通高等教育不同，它坚持以学习者和学习为中心；而不再是以教师、学校和教学为中心，较好地体现了学习者在学习过程中的主体地位。

（二）学习对象开放

开放教育对入学者的年龄、职业、地区、学习资历等方面没有太多的限制，凡有志向学习者，具备一定的文化、知识基础的，都可以报名参加开放教育的学习，通过省级开放大学按照国家开放大学统一要求组织的入学水平测试即可注册入学，不需要参加全国统一的普通和成人高等学校招生考试。

（三）学习过程开放

学习者既可以注册学习专业，也可以注册学习课程，对课程的选择、媒体的使用等有较好的自主权，在学习方式、学习进度、时间和地点等方面也可以由学习者根据需要选择。学习者学习的学分可以累积，8年有效。符合学历教育毕业要求者，可以获得毕业证书；符合学位授予条件的，可以获得学位证书，同时，还可以参加各类职业技能资格证的学习，获得相应职业资格证书。

（四）学习资源开放

开放教育，既有开放大学系统自主开发的卫星电视资源、远程教学平台资源和传统的文字教材资源，还有通过合作办学，整合、共享包括普通高校在内的社会各界的优质学习资源以供学习者学习。

三、开放大学的学习过程

从学员的角度说，开放大学的学习，从报名入学开始，到修满学分，获得毕业证书和学位证书，主要包括了以下基本过程（如图1.1所示，转下页）

```
报名入学 → 入学教育 → 阅读专业教学计划及专业施实方案 → 专业制定学习计划 → 课程注册 → 阅读课程教学大纲、教学施实方案 → 制定课程学习计划

                                                    不合格

阅读教材
上网学习
直播课堂
面授辅导
媒体交互
实践环节
协作学习
导师制学习
导学约课

学位英语考试合格取得学位 ← 修满学分：毕业成绩合格：获得毕业证书 ← 毕业设计毕业答辩 ← 考试合格取得学分 ← 合格 ← 复习考试 ← 形成性考核
```

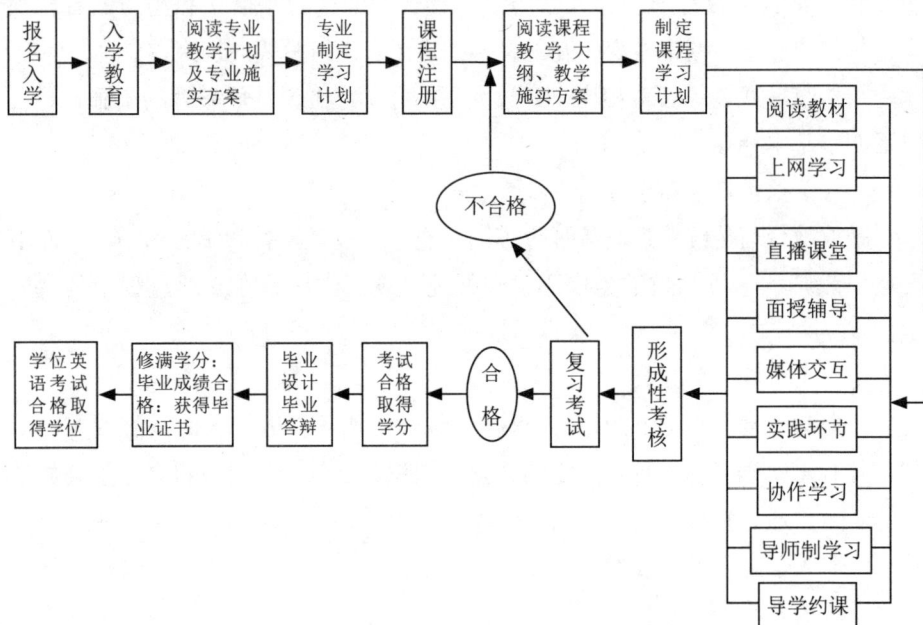

图1.1 岳阳开放大学学习基本过程示意图

第二节 开放大学学习指导的重要意义与基本内容

一、开放大学学习指导的重要意义

对开放大学学员来说，切实加强开放大学学习指导，具有以下六个方面的重要意义：

（一）有助于学员遂心愿，拿文凭

文凭是一个人受教育程度的重要标志和有力凭证。改革开放以来，文凭持续升温；即使到了市场经济体制逐步健全、各种竞争日趋激烈的当下，重学历、论文凭的温度仍然较高。进入职场看文凭，提拔干部讲文凭，评定职称论文凭，确定薪酬比文凭。从很大程度上说，这是尊重知识、尊重人才的重要表现，也是分清人才类型、衡量人才素质、确定人才层次、分配人才利益、体现

人才价值的常用方法。开放大学包括原来电大的文凭，不仅在各行各业的人才聘用中畅通无阻，也是国家提拔人才、考录公务员的通行证，更被誉为"国际学历绿卡"，得到欧美等国家的认可。

来到开放大学学习的学员，大都是奔着一张更高更美的文凭而来的。对此，我们完全能够理解。同时，我们也殷切地希望你，通过两年多的不懈努力，遂心愿，拿文凭，如愿以偿地拿到自己想拿的文凭。为此，你应当从现在做起，从点滴做起，认真听好每一堂课，精心做好每一次作业，积极参加每一项训练，诚实参加每一门考试。只有这样，才能逐步逼近"拿文凭"的预期目标，才能如愿以偿地提升学历。可见，切实加强开放大学学习指导，有助于学员遂心愿，拿文凭。

（二）有助于学员解饥渴，学知识

培根说过："知识就是力量。"有句广告语写得好："知识改变命运。"三国时代，诸葛亮羽扇纶巾，上知天文，下晓地理，运筹帷幄，决胜千里，这力量就来源于知识。一代伟人毛泽东博览群书，海纳百川，领导全国人民改变了中国的命运，用知识谱写出了光辉的篇章。是知识，让高尔基扼住了命运的咽喉；是知识，让爱迪生从普通贫民成为了伟大的发明家；是知识，让轮椅上的霍金成为了全世界的骄傲。可见，知识对于一个人的成长成才成功，对于一个组织的建立成熟创新，对于一个民族的生存发展崛起，是多么的重要！

作为开放大学学员，应当着眼于未来更大更快更好的发展需要，在已有知识积累的基础上，如饥似渴地学习知识，一如既往地吸收知识，也就是要坚持"解饥渴，学知识"。只有坚持"解饥渴，学知识"，你才能不断增加知识存量，优化知识结构，增强知识功能；只有坚持"解饥渴，学知识"，你的生命之树才能结满丰硕的果实；只有坚持"解饥渴，学知识"，你才有力量向理想的目标前行；只有坚持"解饥渴，学知识"，你才能塑造崭新的自我，让执着的追求书写无悔的人生。

岳阳开放大学为广大开放教育学员的学习提供了丰富的资源和宽广的平台。在这里，你既可以得到资深专业教师的面授教学辅导，还可以享受开放大学学习平台数字资源的远程支持。开放大学的学习，不受空间、地域和时间的限制。只要大家愿意学习，乐于学习，我们将提供尽可能及时而完美的学习支持服务。可见，切实加强开放教育学习指导，有助于学员解饥渴，学知识。

（三）有助于学员下苦功，强能力

实际生活中，人们常常感叹："书到用时方恨少。"其实，这只是表面现象，真正的问题应该是："能到用时方恨弱。"对一个职业人、一个管理者、一个创业者来说，文凭、知识、资历、资质等因素，也许对他的入职、入门、入道有重要的甚至是关键性作用。但是，真正影响和决定着他发展、作为、成功的根本因素，却是他的综合素质和各种能力，包括专业岗位能力、行业通用能力和职业核心能力。因此，你应当清醒地知道，实力比文凭重要，能力比知识重要，情商比智商重要，态度比智慧重要。

作为开放大学学员，你一定要始终"下苦功，强能力"，在面授导学中"下苦功，强能力"，在教材自学中"下苦功，强能力"，在网上学习中"下苦功，强能力"，在师生交互中"下苦功，强能力"，在实践教学中"下苦功，强能力"，在职场历练中"下苦功，强能力"。只有这样，才能不断增强自己的实力和底气；只有这样，才能从容应对职场的考验和挑战；只有这样，才能积极实现人生的目标和价值。可见，切实加强开放大学学习指导，有助于学员下苦功，强能力。

（四）有助于学员倾真诚，交朋友

俗话说得好："单丝不成线，独木不成林"。"一个篱笆三个桩，一个好汉三个帮"。一个人，只有把自己和别人特别是同事、朋友融合在一起的时候才最有力量；一个人的成长成才成功，往往离不开师长的谆谆教诲和朋友的真诚帮助。开放大学学员来自各行各业、方方面面，来自机关、事业、企业、新经济组织、新社会组织，有的还是自主择业创业者。相对学员个体来说，其他的同学、老师、领导、职业人、社会人，都是自己学习、工作、生活中宝贵的人际资源，都是自己的潜在朋友。

在开放大学学习期间，你一定要"倾真诚，交朋友"，充分利用面授导学、网上学习、师生交互、实践教学、社会交往、岗位锻炼等途径，倾注满腔真诚和热情，主动结交知心朋友，为切实做好现在的本职工作优化人际关系，为着力促进未来的职业发展积累人脉人缘，为打造事业成功、收获人生幸福开发人际资源。

为了给广大学员提供更好的交流平台和联谊桥梁，岳阳开放大学在每年的财政预算中特别安排了学生活动专项经费，分别成立了摄影、羽毛球、旅游等多个学生社团和协会，还将组织开展丰富多彩的学习活动。只要你乐于策划、积极参与、精心组织，学校都会给予大力支持。可见，切实加强开放大学学习指导，有助于学员倾真诚，交朋友。

（五）有助于学员讲科学，谋发展

科学发展观，第一要义是发展，核心是以人为本，基本要求是全面、协调、可持续，根本方法是统筹兼顾。科学发展观，不仅是指导我国经济社会科学发展的重要思想，而且是指导人的科学发展的重要思想，也是指导每个职业人包括开放大学学员职业生涯科学发展的重要思想。

作为开放大学学员，面对和展望漫漫职业生涯，你一定要坚持讲科学，谋发展，深入领会、积极践行科学发展观，精心谋划、全力谋求自己职业生涯的科学发展。注重德智体美劳的"全面发展"，注重知识、思维、素质、能力的"和谐发展"，注重才智、心理、身体的"可持续发展"。只有这样，才能练就扎实过硬的职业本领，才能走上或者找到理想的职业岗位，才能在未来激烈的职业竞争中立于不败之地，才能实现职业生涯的科学发展，才能在人生旅途打造成功、创造辉煌。可见，切实加强开放教育学习指导，有助于学员讲科学，谋发展。

（六）有助于学员品成功，享幸福

"成功"和"幸福"，是十分美好的字眼，是非常美妙的事情，是激动人心的人生境界。当然，人生的"成功"和"幸福"，有绝对与相对、重大与微小、整体与局部、一生与阶段之分。但是，从绝对意义上说，每个人都会有追求成功、谋求幸福的向往，都会有打造成功、收获幸福的机会，都会有品味成功、享受幸福的感觉。其实，"成功"和"幸福"，离你并不是那么远，也没有你想象的那么难。

我们殷切地希望你，在开放大学学习期间乃至在以后的人生旅途，立志成功、向往幸福，追求成功、谋求幸福，学会成功、创造幸福，品味成功、享受幸福。可见，切实加强开放大学学习指导，有助于学员品成功，享幸福。

二、开放大学学习指导的基本内容

开放大学学习指导的基本内容，从《开放大学学习指要》的目录中可见一斑：

第一章　绪　论

第一节　开放大学的渊源、特征与学习过程

第二节　开放大学学习指导的意义与内容

第三节　开放大学学习的基本方略

【思考与训练】

第二章　入学篇

第一节　报名录取

第二节　入学教育

第三节　开放教育网站

第四节　学籍管理

【思考与训练】

第三章　学习篇

第一节　专业规则

第二节　学习形式

第三节　网上学习

第四节　课程注册

第五节　形成性考核

第六节　实践环节

第七节　毕业作业

第八节　学位论文

【思考与训练】

第四章　考试篇

第一节　形成性考核

第二节　终结性考试

第三节 开放大学学习的基本方略

对开放大学学员来说，应当把握与运用以下的五种基本的学习方略：

一、学习须有梦，有梦才无限

梦想给人以超越现实的力量，敢于追梦的人才能开创无限美好的未来。你选择来开放大学学习深造，必定是寻梦而来，必定对事业和未来的生活怀揣着美好的理想。你一定要树立和坚守远大的理想与梦想，勤奋学习，锻造本领，释放无限潜力，开创美好未来。为此，要做到三点：

（一）做梦，为学习立志

做梦，就是树立理想。做梦，可以为自己的学习立下远大而明确的志向。著名作家托尔斯泰认为："理想是指路明灯，没有理想就没有坚定的方向，没有方向，就没有生活。"理想照亮现实，憧憬充实生命。你来开放大学学习，一定要敢于做梦，明确立志，增强学习动力，鼓起奋进风帆。

（二）追梦，让学习助力

追梦，就是将理想付诸于行动。执着追梦，能为学习加油助力。前苏联著名军事家克雷洛夫说过："现实是此岸，理想是彼岸，中间隔着湍急的河流，行动则是架在川上的河流。"你一定要执着追梦，坚守梦想，为不断推进自己的学习进步而加油助力，勤奋学习知识与本领，切实提高自身素质，努力增强个人实力，为实现个人的宏伟梦想做好知识储备和能力准备。

（三）圆梦，显学习效能

"苦心人，天不负；有志者，事竟成"。只要你善于筑梦，勇于追梦，巧于圆梦，把握好在开放大学学习深造的机会，勤奋刻苦，脚踏实地，必定会彰显学习的效能，必定会收获意外的成功。

二、学习须有神，有神才无忧

开放大学学员，来自不同的社区与单位，有着不同的学习愿望和学习基础，将要学习不同的专业与课程，你一定要聚焦于学习的"神"，确定和明确学习主题，把握和践行核心价值取向。只有"有神"抓学习，才能"无忧"于未来。伟大的德国哲学家康德说过："有两样东西，我对它们的思考愈是深沉和持久，他们在我心灵中唤起的赞叹和敬畏就会越来越历久弥新，那就是我们头顶浩瀚的星空，还有心目中的道德法则。"虽然，有些学员是抱着拿文凭的目的来读开放大学的。但坦率地说，这样的心态往往会衍生出某些不良的学习态度和学习行为。希望你还是要多仰望星空，多审视内心。为此，要从三个方面努力：

（一）定神而学，学有动力

一个人的价值取向往往对人生起着重要的导向作用，它往往影响着选择，支配着行为。在开放大学学习，你一定要树立正确的价值观，以社会主义核心价值观作为人生的导向，确定正确而鲜明的价值取向和学习主题，不断增强学习动力，不断激发学习热情，不断提高学习水平，不断优化学习效果。

（二）凝神而学，学有心力

在开放大学学习，你要紧紧扣住价值取向和学习主题，不断强化学习心力，充分展开学习行动，扎实推进学习进程。你一定要学会学习，学会创造，学会奉献，学会感恩，做有理想、有道德、有高尚情操的人，做有利于社会、有利于人民、有利于国家的人。

（三）传神而学，学有张力

在开放大学学习，你要充分表达价值取向和学习主题，不断增强学习张力，积极开展学习活动，切实加强学习训练，着力促进自己的健康成长、加快成才、走向成功。

三、学习须有法，有法才无阻

对开放大学学员来说，要顺利完成开放大学的各项学习任务，获得良好的学习效果，圆满结业，如期拿证，必须把握科学的学习方法和学习技巧。只有这样，学习起来才能畅通无阻。从开放大学的实际来看，要探索运用八种学习方法：

（一）书本学习法

认真阅读、学习、领会教材等书本的内容、精神、精髓，是开放大学学员的一种基本而有效的学习方法。因此，在开放大学学习，你一定要好好地阅读、学习、领会、把握教材等书本的内容、精神、精髓。

（二）课堂学习法

课堂学习是开放大学"传道、授业、解惑"的最直观呈现。抓住了课堂上的学习，也就抓住了对一门课程知识70%的学习把握。开放大学学员都是在工作之余来就读开放大学的，学习与工作之间存在着不可避免的矛盾。但是，你一定要坚定信念，凭借毅力，依靠智慧去克服这个困难，多来学校参加面授学习。

（三）网上学习法

开放大学学习是以自主自学和网络学习为主的学习活动。开放大学网络系统为大家搭建了多种学习平台，如网上答疑、直播课堂、专业论坛、课程论坛、电子邮件、QQ群、微信群等。你一定要充分运用这些学习平台和学习方式，为自己的学习提供及时、有效的支持服务，切实解决学习中遇到的困难和问题。

（四）互动学习法

开放大学的学习，很大程度上靠的是教师、导师与学员的互动，而不仅仅是学员的个人努力。因此，你一定要充分运用互动学习法，在开放大学学业导师、专业责任教师、课程辅导教师、助学辅导员的教授、指导、支持、服务、帮助下，加强与学业导师、专业责任教师、课程辅导教师、助学辅导员的互动交流，从而扎实而有效地学习。

（五）小组学习法

参与学习小组的研讨、演讲、实验、写作、设计、创作等是开放大学学习的重要渠道之一，小组学习法是开放大学学员的学习方法之一。因此，你一定要充分运用小组学习法，积极而经常地参与学习小组的研讨、演讲、实验、写作、设计、创作等活动，做到学有所得，学有所成。

（六）训练学习法

作业训练既是对所学知识的巩固和训练，同时又是对你学习成绩的形成性考核，它往往影响到你期末考试成绩的最终得分。因此，在开放大学学习，你一定要高度重视、认真运用训练学习法。

（七）实践学习法

"纸上得来终觉浅，绝知此事要躬行"。在开放大学学习，你一定要认真运用实践学习法，通过实践来提高观察问题、分析问题、解决实际问题的能力，同时促进理论课程的学习。

（八）探究学习法

开放大学学习，往往要求撰写调查报告、课程论文、专业论文、毕业论文。其实，这就是在运用探究学习法。

四、学习须有恒，有恒才无畏

"不积跬步，无以至千里；不积小流，无以成江海"。开放大学的学习并非一朝一夕之事，开放大学学习的过程是潜移默化的过程，非恒不可为，有恒才无畏。荀子在《劝学篇》中告诫我们："骐骥一跃，不能十步；驽马十驾，功在不舍；锲而舍之，朽木不折；锲而不舍，金石可镂。"陶渊明说过："勤学如春起之苗，不见其增，日有所长；辍学如磨刀之石，不见其损，日有所亏。"这些先哲之言，无不印证了"学贵有恒"这样一个朴素而深刻的道理。为此，要注重三点：

（一）攻克学习难题须有恒

现代远程开放教育学习更加注重学员的自主学习能力。开放大学学员都是来自各个行业的精英，学习基础各有差异，在学习过程中难免遇到困难和瓶颈。你一定要秉持恒心和毅力，不畏困难，逆水行舟，乘风破浪，勇往直前。因为，你越是全身心地投入，你所面对的困难就越是能够迎刃而解。

（二）完成学习任务须有恒

开放大学学习是伴随着任务的学习过程。开放大学学员入学后，将会面临面授学习、网上学习、形成性作业（包括纸质作业和网上作业）、小组学习、实训学习、小论文、期末考试等各项学习任务，每项任务都要达到相应的考核要求。学员利用工作之余来学习，很不容易，令人佩服。但是，在开放大学学习，你一定要坚韧不拔，保持恒心，不断增强学习动力，合理安排学习时间，圆满完成各项学习任务。

（三）提高学习能力须有恒

学习能力是一种将知识资源转化为知识资本的能力。在当今充满竞争的时代，学习力就是本质的竞争力。在上个世纪60年代，被《财富》杂志列为世界500强的大公司，堪称全球竞争力最强的企业；然而，到80年代有近三分之一销声匿迹，到上世纪末更是所剩无几了。究其原因，就在于这些大企业不善于与时俱进，不具备足够强的学习力。企业如此，个人也不例外。你应该明白，每个人才的背后都有很强的学习力作为支撑，人才背后的竞争实质上隐藏着学习能力的竞争。在新科技革命和知识经济风起云涌的信息时代，如果不能坚定终身学习的信念，如果不能更新学习理念，如果不能保持足够强的学习能力，你就很容易被时代所淘汰。

五、学习须有成，有成才无愧

"靡不有初，鲜克有终"。这是《诗经·大雅》面对大多数人做人、做事徒有善始，而不求善终所发出的感慨。细细体味，其中蕴含了深刻的哲理，发出了明确的警示。也许，不少开放大学学员很容易将一纸文凭的获取作为此次开放大学学习旅程的终点，可是，学有所成、学有善终的意义却绝不止于此。所谓的"有成"，乃是成长、成才、成功，成为人格完备、内心安然的顶天立地之人，成为对家庭、社会、国家乃至人类有用之人，成为成功的人。只有学习有成，才能无愧我心。为此，要做到三点：

（一）倾心投入，学有所得

开放大学学习本身是一件苦乐参半的事情，如果不投入十足的热情，往往容易半途而废。只有倾心投入，才能学有所得。大凡古今中外成大事者，无不是热爱学习的楷模。国学大师季羡林晚年生病住院，还坚持读报，博览群书，视力不好就托家人或医护人员为他读报，每天还坚持写一两千字的文章，终身践行了"活到老，学到老"的信条。乒乓女王邓亚萍连续两届4次蝉联奥运会冠军，却在退役后选择重新做一个学生，她从一个只会26个英文字母的本科生读到剑桥大学的博士，始终倾注了她对学习的满腔热情。

（二）潜心思考，学有所悟

只有潜心思考，才能学有所悟。"学而不思则罔，思而不学则殆"。学与思相互结合，能够相辅相成，相互促进。孔子提出："君子有九思，视思明，听思聪，色思温，貌思恭，言思忠，事思敏，疑思问，忿思难，见得思义。"《中庸》更是提出了"博学之，审问之，慎思之，明辨之，笃行之"的为学之法。你在开放大学学习，既要注重学思并重，也要注重思的广度和深度，以获得真正的知识，不断增强自身实力。

（三）铁心追寻，学有所达

对开放大学学员来说，只有铁心追寻心中的目标，才能逐步达到一定的学习境界。弗朗西斯·培根说得好："读书足以怡情，足以博采，足以长才"，"读史使人明智，读诗使人灵秀，科学使人深刻，伦理学使人庄重，逻辑修辞之学使人善辩：凡有所学，皆成性格。凡成性格者，皆有境界之诞生"。因此，在开放大学学习，你一定要珍惜这次来之不易的学习机会，让自己真正回归学习，回归校园，回归本真，铁心追寻，学有所达，勇敢地挑战自我，深度地重塑自我！

【思考与训练】

一、开放大学办学具有哪些基本特征？开放大学学习具有哪些基本的过程？

二、为什么要加强开放大学学习指导？

三、开放大学学习的基本方略有哪些？你打算怎样运用这些方略于开放大学学习实践？

第二章　入学篇

　　开放大学的学习是一个动态的、持续的、新型的现代远程教育学习过程。作为一名志愿参加开放大学学习的学习者，你应该具备什么样的入学条件？专科入学和本科入学有什么样的区别？应该掌握什么样的学习技能？应该有哪些信息技术学习素养？开放大学的在线学习平台有哪些？该如何登录这些平台？这些，都是本章要为大家介绍的内容。

第一节　报名录取

一、招生对象

　　（一）专科起点本科专业（方向）

　　1.具有国民教育系列相同或相近专业高等专科（含专科）以上学历者。

　　2.护理学专业招生对象还须是持有护士执业资格证书的在职人员。已经获得国家开放大学护理专业专科学历的"专升本"新生，可不再提供相关执业资格证书证明材料。

　　3.药学专业招生对象为医药卫生等相关行业从业人员。

　　4."一村一名大学生计划"招生对象为具有国民教育系列相同或相近专业高等专科及以上学历的农村青年。

　　（二）专科专业（方向）

　　1.招生对象为普通高中、职业高中、技工学校和中等专业学校毕业生或具有同等学力人员。

2.护理专业招生对象为中等专业学校毕业、持有护士执业资格证书的人员。

3.药学、药品经营与管理专业招生对象为医药卫生等相关行业从业人员。

4."一村一名大学生计划"招生对象为具有普通高中、职业高中、技工学校、中等专业学校及以上学历的农村青年。

二、报名办法

开放大学报名入学者必须持有本人身份证、毕业证原件以及复印件、近期正面免冠一寸蓝底浅色上衣彩色照片2张，到相关招生报名处填写报名登记表和资格审核表。经湖南开放大学、国家开放大学审核后，办理注册手续。一经输入招生录取平台，则产生建档费和录取费。

专升本学员必须提供"中国高等信息网"下载的学历证明或者省教育厅提供的学历认证证书。对不能提供网上下载学历证明的，需要自己用身份证号码在"中国高等教育信息网"首页的学籍查询进行实名注册信息，并且进行网上认证。

三、录取信息

开放大学的录取信息将在15个工作日左右，下发至各开大教学点，学员可以根据学校通知，对自己的录取信息进行核对，如专业（方向）、身份证号码、姓名等重要信息，如有错漏，可以跟市校教务联系，完成信息更新。

开放大学学员的网上信息注册将在30个工作日左右，由国家开放大学导入在线学习平台，学员可以根据自己的学号登录国家开放大学在线学习平台进行登录查询，初始密码为学员本人身份证的出生年月日（8位），同时，将在45个工作日左右，学生只要关注"国家开放大学招生"公众号，点开右下角的报读服务，再点开入学通知书下载，输入入学年份、季度、身份证号码进行查询，即可在线下载录取通知书。

四、"学信网"学历认证查询

专升本学员报读开放大学，需要提供"中国高等教育学生信息网"下载的学历证明，具体操作流程如下所示：

（一）打开网站首页：http：//www.chsi.com.cn/，进入网站。

图2.1.1　中国高等教育学生信息网首页

（二）点击网站顶端蓝色部分导航条，选择"学籍查询"，进入"学信档案"查询页面。首次登录该网站，先点击右侧"注册学信网账号"，进行个人信息注册（如图2.1.2）。

图2.1.2　学信档案查询页面

（三）在"注册"页面，如实填写好个人信息-核实无误后，点击"立即开通"（如图2.1.3）。

图2.1.3　学信网注册页面

（四）开通注册用户后，在学信档案直接登录（如图2.1.4）。

图2.1.4　注册用户登录界面

（五）登录学信网的首页，选择进入"学信档案"登录页面，用刚注册的用户名和密码完成网站登录并且输入毕业证书毕业学校名称（如图2.1.5）。

图2.1.5　学信网登录页面

（六）进入页面后，根据网页提示，点击在线验证报告。

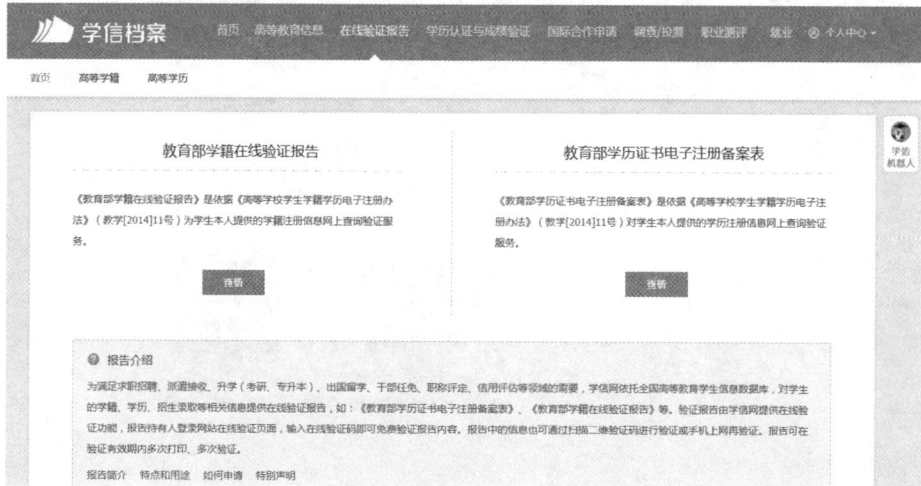

图2.1.6　点击查看电子备案表

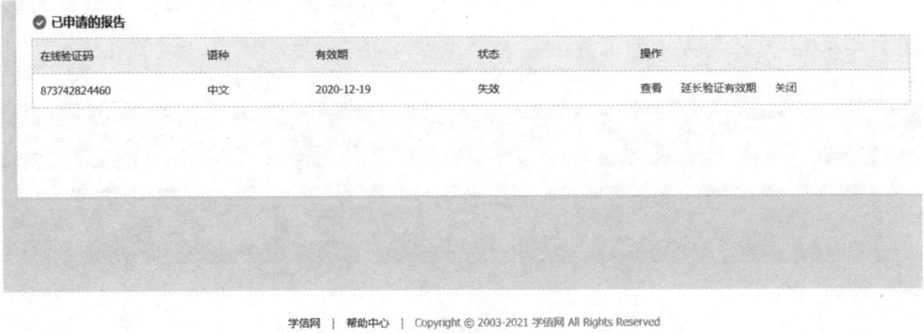

已申请的报告

在线验证码	语种	有效期	状态	操作
873742824460	中文	2020-12-19	失效	查看　延长验证有效期　关闭

图2.1.7　手机绑定页面

（七）如有需要，可以选择"延长验证有效期"，完成学历信息打印（如图2.1.8）。

图2.1.8　打印学历信息页面

第二节　入学教育

为了让广大开放大学新学员能够尽快了解和熟悉开放大学远程教育的学习环境、教与学的方式以及本专业的教学计划，建立与开放大学教育模式相适应的新的学习理念和学习技能，培养学生自主学习的习惯于能力，开放大学在开学之初都会对新学员进行有效的入学教育。

一、入学教育时间

开放大学各教学点原则上都为每学期新入学的新学员举行一个开学典礼，开学典礼与入学教育同时进行。开学典礼的时间一般为新学员报名截止后的15个工作日内，新学员应当及时关注学校的信息，参加新学员开学典礼。春季开学典礼的时间一般为3月下旬；秋季开学典礼的时间一般为9月下旬（具体时间以各教学点通知为准）。

开放大学老学员的开学时间比新学员的开学时间稍早，春季开学时间一般为2月下旬或3月初，秋季开学时间一般为8月下旬或9月初。

二、入学教育内容

入学教育是开放大学的第一门课程，新学员要认真学习《开放大学学习指要》，了解现代远程开放教育的涵义、特点，了解开放大学的系统结构、教学特点，熟悉课程注册、报考、免修免考、形成性考核、终结性考核等形式与内容，为顺利完成学业夯实基础。

同时，开放大学会对新学员进行思想教育，引导新学员端正学习态度，培养良好习惯。让新学员了解到在现代远程教育条件下，应当改变"教师为中心"的教学观念，树立以"学员（学生）为中心"的新教学观，教师与学员（学生）在教学中的角色发生了新的变化，学员（学生）掌握学习的主动权，处于主动、积极学习的地位，而教师应当扮演辅导者、指导者的角色。开放大学专业的课程教学基本模式是：充分运用现代教育技术开展教学活动，有效地整合各种教学资源，学员（学生）在教师指导下，根据课程的教学要求，合理地选择和使用各种教学资源进行个别化自主学习。学校则通过面授、直播课堂、网络辅导、电话答疑等方式为学员（学生）提供学习支持服务，并对教师导学和学员（学生）自主学习的效果与质量进行全方位、全过程的监控。

三、新生入学水平测试

开放大学新学员入学，必须来学校参加统一的入学水平测试。入学水平测试一般安排在开学典礼的当天下午，开放大学入学水平测试是体现和保障开放大学教育质量的重要环节，是保证对各类学员开展有针对性分类教学的基础。同时，测试本身又是各试点教学点办学形象向新学员的展示和管理水平的检验，对今后实施对学员的教学和管理具有极强的宣传和导向作用。

入学水平测试的内容主要侧重于基础知识。专科教育测试相当于高中毕业水平，专科起点本科教育测试相当于成人专科毕业水平。专科教育考试科目为语文和数学，专科起点本科教育考试科目为相关专业综合试卷。根据教育部关于对现代远程教育试点高校网络教育学生部分公共课实行全国统一考试的有关文件精神和要求，专科起点本科教育文科类专业增加《大学语文》科目，理工类专业增加《高等数学》科目，测试的方式以综合测试为主，单科为辅。

参考入学水平测试的结果，对学员（学生）的不同文化基础进行分类管理、分类教学和指导，采用多种教学组织形式和学习支持服务，因材施教，确保教学质量。

四、学习问卷调查

为更好的了解开放大学学员（学生）的学习特点、学习需求和学习现状，更好的实现开放教育学与教的高度融合，一般会在新学员入学报到的时候进行学习问卷调查。

学习问卷调查主要分两部分内容：一是对学员的导师制学习需求进行调查分析，为实现学员与学业导师的双向选择奠定基础；二是对学员的其他学习需求进行调研，以针对性的安排新学期的各类教学活动和学生活动。

学习问卷的发放一般在新学员开学报到当天和新学员开学典礼当天进行。

第三节 开放教育网站

国家开放大学致力于实现有支持的开放式学习，探索以学习者为中心，基于网络自主学习、远程学习支持服务与面授辅导相结合的新型学习模式。以需求为导向，以能力培养为核心，改革教学内容和课程体系，与行业、企业合作，科学、灵活、有针对性地开设国家开放大学特色专业。改进教学方法，为学习者提供集多媒体资源、教学交互、学习评价和学习支持服务于一体的优质网络课程。通过遍布全国的学习中心提供面授辅导，也可以通过高清、快速的双向视频系统促进师生实时交流，为学习者提供随时随地的远程学习支持服务。现将有关国家开放大学学习网站介绍如下。

一、国家开放大学主页

（一）国家开放大学门户网站，网址：http：//www.ouchn.edu.cn/。

学员可以在该网站了解国家开放大学的相关动态与政策新闻等。如图2.3.1所示。

图2.3.1 国家开放大学门户网站

（二）国家开放大学习网，网址：http：//www.ouchn.cn/。

学员登陆用户名：学员学号全码；密码：学员的出生年月日（8位）。学员可以在该网站获取关于开放教育学习资源和各类学习活动、教学通告等信息。如图2.3.2所示。

图2.3.2　国家开放大学学习平台首页

二、湖南开放大学主页

（一）湖南开放大学主页，网址：http：//www.hnrtu.edu.cn/。

学员在该网站可以了解湖南开放大学的开放教育学习动态与相关新闻、文件通告等。如图2.3.3。

图2.3.3　湖南开放大学主页

（二）湖南开放大学论文写作平台，网址：http：//lw.hnrti.com/。

用户名：学员学号，密码：学员自己登录注册后自行设置。开放教育本科学员、农民大学生专、本科学员和专科毕业作业被抽检的学员在该平台完成毕业作业的写作。如图2.3.4所示。

图2.3.4　湖南开放大学毕业论文管理平台页面

（三）湖南农民大学生学习网，网址：http://hnnmdxs.ouchn.cn/。

学员登录名和密码与湖南开放大学（湖南电大）主页一致，是开放教育"农民大学生培养计划"项目的专题学习网站。如图2.3.5所示。

图2.3.5 湖南农民大学生学习网管理平台页面

三、岳阳开放大学（岳阳电大）网站

岳阳开放大学（岳阳电大）主页，网址：http://www.yyrtvu.com/。学员可以在网站了解到岳阳开放大学（岳阳电大）系统的学习公告通知、相关政策、规章和新闻动态。

图2.3.6 岳阳开放大学（岳阳电大）主页

第四节 学籍管理

学籍有什么用？到哪里可以查询或者确认学员的学籍信息？如果学员从一个城市（地方）搬到另一个城市（地方），学籍能带走吗？如果学员的工作发生了变化，想换一个专业，可以吗？本节将介绍有关知识。

一、学籍与学号

国籍表明个人与国家的隶属关系，同样，学籍表明学生（学员）与学校的隶属关系。此外，学籍还专指学生（学员）在学校学习的资格，学生（学员）注册后即取得录取学校的学籍，同时取得了在该校学习的资格。拥有学籍的学生（学员）享受在学习期间相应的权利，如上课、考试、上网学习等，同时也受学校有关规章制度、纪律的约束和管理，必须履行相应的义务，如按时交纳学费、参加课程学习和考试等。

开放大学学员学籍档案的主要内容，包括学员的基本信息、课程注册情况、考试成绩记录、学习过程中的奖惩情况、学籍异动情况等。学籍档案分别存于省级开放大学和国家开放大学学籍管理部门，作为学校和各级教育行政部门查询、检查、审核学员毕业资格的依据。开放大学学员的学籍资格在8年内有效，学员本人可以到教学点查询个人学籍的有关情况。

当学员取得学籍的时候，就可以获得相应的学号。学号是开放大学为学员分配的编号，每人一个，不会重复。在学习期间，很多情况下都要用到学号，特别是考试的时候。此外，学号也是学员登录各类学习平台的账号。

二、学籍异动管理

如果因为家庭搬迁、工作地点或工作岗位变动等原因，学生（学员）需要转换学习地点或转换专业，可以通过学籍异动来办理。开放大学学生（学员）的学籍异动主要包括转学和转专业两方面。

（一）转学

学生（学员）因工作调动、家庭搬迁等原因可以申请转学。办理转学需要注意的事项有：

1.拟转入的教学点开设相同专业且教学进程相近时方可转学。

2.学生（学员）本人要在学期开学后三周内（含第三周）向学籍所在地教学点提出申请，领取并填写"国家开放大学学生转学审批表"。

3.学生（学员）持《国家开放大学学生转学审批表》《课程结业证书》到转出、转入的教学点办理转学手续。

4.转学后，先前已获得的符合所修专业教学计划要求的成绩仍然有效。

5.转学后，学籍有效期不变，仍从入学注册开始计算。

6.获得学籍后的第一个学期不能转学。

7.申请转学的同时也可以申请转专业，但须同时符合转专业的条件。

8.学生（学员）转学可以省内转学，也可以跨省转学。办理转学手续须填写转学审批表。

国家开放大学
学生省际转学审批表

姓　名		性　别		
民　族		籍　贯		照片
职　业		职　务		
政治面貌		文化程度		
户口性质		身份证号		
通讯地址				
邮　编		联系电话		
入学时间	年　春（　　）/秋（　　）季			

转学理由： 1. 工作变动（　　　） 2. 家庭搬迁（　　　） 3. 其他原因：
转专业理由： 1. 工作变动　　　　　（　　　） 2. 不适应本专业的学习（　　　） 3. 其他原因
申请人签名：　　　　　　　　　　年　　月　　日

学籍异动情况	转学前	学习中心（教学点）		学　号	
		专　业		学生类别	
	转学后	学习中心（教学点）		学　号	
		专　业		学生类别	

转出分部意见	学习中心（教学点）主管部门意见： 经手人（签名）：　　　　　　（公章） 联系电话： 　　　　　　　　　年　月　日
	分部主管部门意见： 　　　　　　　　　（公章） 　　　　　　　　　年　月　日
转入分部意见	学习中心（教学点）主管部门意见： 经手人（签名）：　　　　　　（公章） 联系电话： 　　　　　　　　　年　月　日
	分部主管部门意见： 　　　　　　　　　（公章） 　　　　　　　　　年　月　日

填表说明：

①"文化程度"为入学时的文化程度。

②入学时间请填写年份并在相应的季节后划"√"；"转学理由"可在相应内容后划"√"，"其他原因"需详细说明。

③"主管部门意见"为学籍管理科上级部门意见，如教务处、学生处等。

④学生只进行转学，不需填写"转专业理由"一栏。

⑤此表一式五份，分别留存国开总部、转出分部及学习中心（教学点）、转入分部及学习中心（教学点），由转入分部报国开总部。

湖南开放大学学生省内转学审批表

姓　名		性　别		照片
民　族		籍　贯		
职　业		职　务		
政治面貌		文化程度		
户口性质		身份证号		
通讯地址				
邮　编		联系电话		
入学时间		年　春（　　）/秋（　　）　季		

转学理由：

1.工作变动（请具体说明　　　　　）

2.家庭搬迁（请具体说明　　　　　）

3.其他原因（请具体说明　　　　　）

　　　　　　申请人签名：　　　　　　　　　　　年　　月　　日

学籍异动情况	转学前	教学点		分　校		学生类别	
		专　业		班　号		学　号	
	转学后	教学点		分　校		学生类别	
		专　业		班　号		学　号	

转出市级电大意见	教务科意见： 签字： 　　年　月　日	
	分管校领导意见： 签字： 学校公章： 　　年　月　日	
转入市级电大意见	教务科意见： 签字： 　　年　月　日	
	分管校领导意见： 签字： 学校公章： 　　年　月　日	
省电大意见	教务处处长意见： 签字： 　　年　月　日	

填表说明：

①"文化程度"为入学时的文化程度。②入学时间请填写年份并在相应的季节后划"√"；"转学理由"应在相应内容后作出具体说明。③此表一式三份，分别留存省电大、转出分校和转入分校的学籍管理

（二）转专业

学生（学员）因工作调动、不适应本专业的学习等原因可以申请转专业。转专业需要注意以下问题：

1.拟转入专业与转出专业属于同一学生类别、同等学历层次，且报名录取条件相同。

2.所在教学点开设有拟转入专业。

3.先前学习与工作经历符合拟转入专业的相关要求。

4.学生（学员）本人要在学期开学后三周内（含第三周）向学籍所在地教学点提出申请，领取并填写"国家大学学生转专业审批表"，经省校审核批准后，即可办理转专业手续。

5.转专业后，先前所学课程中符合转入专业教学计划要求的课程成绩仍然有效。

6.转专业后，学籍有效期不变，仍从入学注册开始计算。

7.获得学籍后的第一个学期不能转专业。

8.申请转专业的同时可以申请转学，但须同时符合转学的条件。

9.办理转专业手术须填写转专业申请表。

国家开放大学
学 生 转 专 业 审 批 表

姓　名		性　别		身份证号	
入学时间			年　春（　　）/秋（　　）季		
学生类别		学习层次		学　号	
现修专业				转出班号	
转修专业				转入班号	
专科所修专业					

转专业理由：

  1. 工作变动　　　　　（　　　）

  2. 不适应本专业的学习（　　　）

  3. 其他原因　　　　　（　　　）

申请人签名：
年　　月　　日

转出班主任意见： 　　　　签名： 　　　　　年　月　日	转入班主任意见： 　　　　签名： 　　　　　年　月　日
教学点主管部门意见 　　　　（公章） 　　　　年　月　日	省级电大主管部门意见 　　　　（公章） 　　　　年　月　日

填表说明：

  ①入学时间请填写年份并在相应的季节后划"√"；"转专业理由"可在相应内容后划"√"，"其他原因"需详细说明。

  ②申请人为专科层次的学生，不需填写"专科所修专业"一栏。

  ③"主管部门意见"为学籍管理科上级部门意见，如教务处、学生处等。

  ④此表一式三份，分别留存教学点、省级电大和中央电大。

国家开放大学学生自愿退学申请表

姓　名		性　别		班　号	
入学时间	年　春（　　）秋（　　）季			学　号	
证件号码					
学生类别		学习层次		专　业	

退学原因：

申请人签名：

年　　月　　日

分校（或教学点）意见：

经手人签名：　　　　　学籍主管部门盖章
　　　　　　　　　　　　年　月　日

分部意见：

经手人签名：　　　　　学籍主管部门盖章
　　　　　　　　　　　　年　月　日

【小贴士】　拓展知识：如何办理退学？

　　开放大学的学生（学员）可以自愿退学。学生（学员）本人向学籍所在地教学点提出申请，教学点审核批准后，即可退学。自愿退学后，学籍即告终止。自愿退学的学生（学员）可重新报读国家开放大学，原来获得的学分，可按免修免考的有关规定进行课程或学分替换。自愿退学须填写自愿退学申请表。

　　国家开放大学的学籍有效期为8年，有效期内共有16次考试机会，期满后仍未毕业的学生（学员）自动作退学处理。作退学处理后，学生（学员）将失去继续完成学业的资格。

【思考与训练】

一、有意报读开放大学者到开大招生处报名时，须带哪些证照？

二、开放大学学习的基本途径有哪些？

三、开放大学学员如要办理转学手续，需要注意哪些事项？

四、按照本节前面介绍的国家开放大学、湖南开放大学、岳阳开放大学（岳阳电大）三级平台的进入程序和操作方法，分别尝试进入和操作三级平台。

第三章 学习篇

学会学习，是职业人、社会人在学习型社会生存和发展的一项基本技能。开放大学的学习，需要学生（学员）了解开放教育的学习特点和学习环节，掌握学习的基本方法与基本规律。本章将向学员详细介绍开放教育的专业学习规则、各类学习形式和资源、网上学习的方法与技巧、课程注册、形成性考核作业的完成方法与要求、毕业实践环节、毕业作业写作要求、学位论文写作要求等内容。

第一节 专业规则

开放大学专业规则是开放大学根据各专业的人才培养目标及人才培养要求设置的专业课程规则，是各专业学生（学员）课程学习的行动指南，是课程平台运行的基本指令，是专业培养方案的重要组成部分，也是学习者学习过程中的选课导航标。

一、专业培养目标

岳阳开放大学（岳阳电大）立足培养"具有自主学习和终身发展能力的、适应岳阳经济社会发展需要的应用型专门人才"。根据这一人才培养目标，岳阳开放大学（岳阳电大）的专科、本科人才培养目标体现为：

专科学生（学员）应掌握本专业必备的基础理论、专门知识，具有从事本专业实际工作的基本技能和初步能力，同时兼具基本的科学精神和较好的思想道德、职业素养、人文素养，能够适应当地经济社会发展对基层应用型专门人才的需要。

本科学生（学员）应比较系统地掌握本学科、专业必需的基础理论、基本知识，掌握本专业必要的基本技能、方法和相关知识，具有从事本专业实际工作和研究工作的初步能力，同时兼具科学创新精神，有较好的思想道德、职业素养、人文素养，能够适应当地经济社会发展对中高级应用型专门人才的需要。

二、专业培养要求

（一）知识要求

主要包括基础性知识、专业性知识。其中基础性知识包括人文科学基础知识、社会科学基础知识、自然科学基础知识等，专业性知识包括专业理论知识和专业技能知识等方面。

（二）能力要求

主要包括专业基本能力、专业核心能力。其中专业基本能力指从事一项职业所必备的基本能力，包括表达沟通能力、写作能力、现代信息技术应用能力等；专业核心能力指完成某项专业获得其中所需要的专门技能，根据各专业不同的培养目标和要求具有不同的能力构成。

（三）素质要求

主要包括思想道德素质、人文素质、职业素养、专业素质和身心素质等方面的教育，强调道德品质、诚信意识、团队意识、求实创新意识的培养。

各专业根据开放专科和开放本科的培养目标，对知识要求、能力要求、素质要求，进行可实施、可测评的科学规划。

岳阳开放大学（岳阳电大）开设有工商管理、会计学、行政管理、软件工程、商务英语、财务管理、机械电子工程、社会工作、网络营销与管理等本科专业；设有工商企业管理、会计、行政管理、家政服务与管理、计算机信息管理、艺术设计、学前教育、市场营销等专科专业。

三、课程模块设置

开放教育各专业规则中，都有明确的课程模块设置，一般为九个模块：公共基础课、专业基础课、专业课、通识课、专业拓展课、综合实践、公共英语课、思想政治课、补修课。其具体特点是：

（一）必修课由国家开放大学统一开设，执行统一教学大纲、统一教材、统一考试、统一评分标准。

（二）限选课为专业必修课，由国家开放大学统一课程名称，执行统一教学大纲，提供教材和教学服务。

（三）选修课可由省（市）开放大学或学生（学员）根据需要自由选择，但专科阶段已选取的选修课在本科阶段不得重复选用。

（四）综合实践环节，是为了培养学生（学员）综合运用所学知识解决实际问题的能力，由省（市）开放大学依据国家开放大学教学大纲（要求）组织实施，形式可多样，学员不能免修。每个专业都规定有综合实践的具体内容，即课程教学实践、实习、社会调查或毕业作业等。

四、课程设置

开放教育各专业规则中对课程设置都进行了相应的说明，包括了课程名称、课程性质、学分和考试单位等。下面，以2020秋工商管理本科专业规则为例对课程设置进行说明。

（一）公共基础课

该模块的最低毕业学分为9分，即要求从这些模块课程中，选取总学分不低于9分的课程完成学习，必修课程为必须学习的课程，选修课程为在必修课的基础上，选择部分课程进行学习，以保证该模块的最低毕业学分。如表3.1.1所示。

表3.1.1　公共基础课模块

模块	课程名称	课程性质	学分	考试单位
公共基础课	计算机应用基础（本）	必修	4	国开
	西方经济学（本）	必修	4	国开
	国家开放大学学习指南	必修	1	国开

（二）专业基础课

该模块的最低毕业学分为14分，必修课程学分为11分。如表3.1.2所示。

表3.1.2 专业基础课模块

模块	课程名称	课程性质	学分	考试单位
专业基础课	企业战略管理	必修	4	国开
	组织行为学	必修	4	国开
	金融学	必修	3	国开
	现代管理专题	选修	3	省开

（三）专业课

该模块的最低毕业学分为21分，必修课程学分为19分。如表3.1.3所示。

表3.1.3 专业课模块

模块	课程名称	课程性质	学分	考试单位
专业课	成本管理	必修	4	国开
	公司概论	必修	4	国开
	流通概论	必修	4	国开
	人力资源管理	选修	4	省开
	小企业管理	必修	4	国开
	管理案例分析	必修	3	国开

（四）通识课

该模块的最低毕业学分为2分。该模块课程是国家开放大学人才培养的特色之一，是实施素质教育的具体措施，不得免修免考；已取得开放大学（电大）毕业证书的学生，若再次注册学习开放大学相关专业，原修专业已注册过的通识课程，在新修专业中不得再次注册学习（在教务管理系统中此类课程将不能实现注册）和申请办理课程免修免考。如表3.1.4所示。

表3.1.4　通识课模块

模块	课程名称	课程性质	学分	考试单位
通识课	形势与政策	选修	2	省开
	管理方法与艺术	选修	2	省开
	数学文化	选修	2	省开
	国学经典选读	选修	2	省开
	终身学习与职业发展	选修	2	省开
	食品安全与营养	选修	2	省开
	领导科学与艺术	选修	2	省开
	地域文化（本）	选修	2	省开

（五）专业拓展课

该模块的最低毕业学分为0学分，必修课程为0分，如有必要，可以选择该模块的课程完成学习。如表3.1.5所示。

表3.1.5　专业拓展课模块

模块	课程名称	课程性质	学分	考试单位
专业拓展课	管理沟通	选修	2	省开

（六）综合实践

综合实践包括社会实践和毕业设计，统设必修，共8学分，由省（市）开放大学根据国家开放大学制定的实践环节教学大纲组织实施。该环节不得免修。如表3.1.6所示。

表3.1.6　综合实践模块

模块	课程名称	课程性质	学分	考试单位
综合实践	毕业设计（工商本）	必修	5	省开
	社会实践	必修	3	省开

（七）公共英语课

该模块的最低毕业学分为6分，必修课程学分为6分。如表3.1.7所示。

表3.1.7　公共英语课模块

模块	课程名称	课程性质	学分	考试单位
公共英语课	管理英语3	必修	3	国开
	管理英语4	必修	3	国开

（八）思想政治课

该模块的最低毕业学分为8分，必修课程学分为8分。如表3.1.8所示。

表3.1.8　思想政治课模块

模块	课程名称	课程性质	学分	考试单位
思想政治课	马克思主义基本原理概论	必修	3	国开
	习近平新时代中国特色社会主义思想	必修	2	国开
	中国近现代史纲要	必修	3	国开

（九）补修课

补修课是对于在注册试点本科（专科起点）专业学习中，部分不具备相同专业专科学历的学生的必修课程，由省级开放大学组织考试，并计入毕业总学分。如表3.1.9所示。

表3.1.9　补修课模块

模块	课程名称	课程性质
补修课	财务管理	补修
	管理学基础	补修
	市场营销学	补修

（十）统设必修课严格执行统一课程名称、统一课程学分标准、统一教学大纲、统一教材、统一考试。

（十一）专业规则表中各课程开设学期是根据专业知识结构提供的课程先修、后续关系确定的，供学生选课时参考。开放教育各专业所有统设必修课程首次开设后均实行全年滚动开设。

五、毕业规则

（一）开放教育各专业学习都实行学分制，学生注册后8年内取得的学分均为有效。

（二）国家开放大学按三年业余学习安排教学计划。

（三）本专业各模块毕业最低学分依次是：

1.公共基础课：9学分。

2.专业基础课：14学分。

3.专业课：21学分。

4.通识课：2学分。

5.专业拓展课：0学分。

6.综合实践：8学分。

7.公共英语课：6学分。

8.思想政治课：8学分。

（四）本专业最低毕业总学分为72学分。

（五）本专业毕业规则是：最低毕业总学分为72，学分达到培养目标和要求后，准予毕业，并颁发国家承认的本科学历证书。

（六）开放教育有个别特殊专业学分为90学分，如汽车维修、药学等专业。

六、学位规则

各专业学位申请的规则是：通过毕业审核，必修课平均成绩75分（含）以上，其他课程平均成绩70分（含）以上，通过学位英语考试，毕业论文成绩在良好（80分）以上并通过学位论文答辩的学生（学员），可授予本科学士学位。

学位申请要求见本专业学位授予实施细则。

第二节 学习形式

国家开放大学的教学采取线上线下相结合的"混合教学模式"。就线上教学来说，国家开放大学线上教学环境主要依托"国家开放大学学习网"开展学习支持服务。就线下教学来说，主要以各教学点已有的教学环境提供支持服务，包括：通讯设备、多媒体教室、实验室、计算机机房、图书馆等物质环境，以及学校独有的校园文化、学术氛围、人际交往、情感交流等非物质环境。开放大学教育为学员提供各种形式的教学支持服务，具体有面授辅导、导学约课、直播课堂、学术讲座、网上学习、实践教学等环节。

一、面授辅导

面授辅导是开放大学线下教学最具特色的内容之一。它可以克服网上教学的局限，在引导学生（学员）自主学习、提高学习效率、确保学生（学员）顺利完成学业等方面具有重要作用。在进行面授辅导的过程中，重视对学生（学员）进行一些自学方法的训练，就如何阅读教材、分析归纳知识点、掌握解题技巧等一些重要的自学方法进行引导，促进学生（学员）自主学习能力的提高。

面授辅导课程每个学期分三个阶段进行：

在第一阶段，学生（学员）最关心的是课程的难易程度、网络资源、学习方法和考核要求等问题。因此，第一节课的教学内容设计以提高学习兴趣和学习效率为切入点，重点介绍课程的知识体系和框架结构，激发其学习的兴趣。其次，是学习方法以及学习媒体的选择，指导学生（学员）使用适合自己的学习媒体。再次，是教学进度与考核方法的明确，使学生（学员）明了每次面授辅导课的学习内容，告知形成性考核和期末考核的方式方法以及相关要求等。

在第二阶段，主要是解决课程的重点、难点问题。可以通过习题课、案例分析课、专题讲座课、作业评讲课、重点归纳和难点精讲课等形式解决学生（学员）在学习过程中的困难，梳理重点知识体系，提高分析和解决问题的能力。

在第三阶段，主要是解决期末复习的问题。期末复习课的目的是帮助学生（学员）理清复习的思路与方法、提出期末复习要求、提高专业课程考试成绩。面授辅导课教师会根据开放大学教育教学的特点，制作电子教案和课件，采用多种媒体进行教学，指导和启迪学生（学员）掌握和运用现代远程教育的多种教学媒体进行学习。

二、导学约课

"导学约课"是学校为进一步提升开放大学教育教学内涵，促进开放大学教育教学过程的实质化、品质化和品牌化，结合岳阳开放大学（岳阳电大）教育教学实际，在开放教育教学中推行的一种教学组织形式。实施导学约课，旨在遵循开放教育规律，秉持"一切为了学生（学员）"的教学服务宗旨，为解决开放教育学生（学员）工学矛盾日益突出、面授到课率居低不上、学生（学员）学习需求日趋多样化等问题，充分践行开放教育"时间开放、空间开放、形式开放"的办学理念，升华开放教育办学品质。其具体实施过程与操作要领是：

1.开放教育学院在学期初，对所有专业的课程教学做出具体安排，列出要实施"导学约课"的专业与课程，安排课程辅导教师，并将课程教师信息与"导学约课"实施要点等内容在课表上体现出来，发放给教师与学生（学员）。

2.课程辅导教师是实施"导学约课"的直接责任人。课程辅导教师在助学辅导员协助下，在充分征求学生（学员）学习需求和建议的基础上，与学生（学员）约定学习时间、学习地点与学习内容，填报"导学约课"申请表，并提前2个工作日交给各专业责任教师进行安排和汇总。

3.各专业责任教师审核与汇总所管专业课程的导学约课申请表，提前1个工作日提交给开放教育学院教学负责人进行审核和统筹安排。

4.各助学辅导员协助课程辅导教师联系与沟通学生（学员），并提供必要的联系方式，以保障"导学约课"的实施。

5.课程辅导教师在"导学约课"结束后，在1个工作日内将导学约课总结表交给所管专业责任教师进行汇总。

6."导学约课"时间原则上安排在每个月的面授教学工作周期"（即课表上拟定的面授开课时间）内，也可根据学生（学员）实际情况作适当调整。

三、直播课堂

网络直播课堂是指利用基于互联网的视频直播系统进行异地实时交互式的教学方式。网络直播课堂的发展经历了一个不成熟到成熟的过程，成为继面授课堂、微课堂后，又一大课堂教学模式。充分利用QQ群、微信群、腾讯课堂等网络平台，直播课堂作为一种实时共享优质教育资源的教育方式，越来越受到开放大学学生（学员）的欢迎。

以腾讯课堂为例，在实施的过程中，首先对直播教师进行"腾讯课堂"的应用培训，使直播教师都能熟练应用平台功能；对助学辅导员进行安装与收看操作的培训，以便指导学生（学员）安装使用；所有教师和学生（学员）用户在手机上完成下载、注册和认证；教师进入客户端建立直播课堂，填写《责任教师直播申请表》，特别标注自己的直播教室、二维码和直播时间；开放教育学院汇总所有直播课程信息，并通过公众号和QQ群向学生发布；学生（学员）根据课表选择自己要上的课程，登录并签到；教师在直播教室和约定时间登录直播授课，学生（学员）在约定时间登录上课，并可直接通过语音交流。直播结束后，未参加直播课的学生（学员）和没有听懂的学生（学员）可以回看。开放教育学院对教学过程进行检查，并保存授课教师的授课资料。

四、学术讲座

为进一步拓展开放大学学生（学员）的专业视角，提高专业内涵，掌握本专业的最新前沿动态和热门领域理论与实践知识，岳阳开放大学每学期都会聘请校内、外专家、教授和行业领军人物，选取专业一些最核心、最热门、最重要的课题和切入点，为开放教育学生（学员）开展学术讲座活动。

讲座的安排一般在课表中进行初步安排，待根据学生（学员）实际和专业教学实际确定好具体专题、时间后，由助学辅导员发出通知。

五、网上学习

开放大学教育教学实质是一种基于网络的教学，是现实和虚拟两个课堂相结合、国开、省开、市开三级平台互动的学习过程。开放大学学生（学员）要结合开放教育教学特点认真组织参加市开、省开、国开教学平台各种网上教学活动，同时充分利用各级平台资源，积极进行网上自主学习。学校具体从以下几个方面组织实施网上学习：

1.组织学生（学员）和相关教师积极参加国开、省开的网上教学活动。

2.组织网上教研活动。每学期每个专业责任教师分别组织本专业课程辅导教师在市开平台上进行网上教研活动，讨论教学中存在的问题，交流学习经验，以达到共同提高教学质量的目标，同时充分发挥网络的作用，体现远程开放教育教学的优越性。

3.组织网上学习小组活动，充分发挥QQ群、微信群的作用，专业责任教师和助学辅导员都与学生（学员）建立QQ、微信群，通过网络传递教学信息、发布教学公告等，将一些教学资料放在QQ共享中，以便教师、学生（学员）查看。利用QQ、微信群组织学生（学员）、教师进行网上学习小组活动，讨论学习中的疑难问题，交流学习方法与体会。

4.指导学生（学员）浏览网上专业课程教学资源。

六、实践教学

开放大学着力于为社会培养能够运用所学的专业知识发现、分析和解决实际问题的应用型高等专门人才。为锻炼培养学生（学员）的实际应用能力，增强学生（学员）完成学业后的工作适应性，开放大学在教学实施过程中突出实践性教学环节。开放大学学生（学员）参加实践教学活动既是修满专业课程学分的要求，也是在自主学习的基础上巩固专业知识，把所学专业知识运用到实践中从而增长才干，提高综合素质的有效途径。各专业实践教学活动主要包括课程实践、社会实践和毕业论文三项内容。

实践教学是学生（学员）理论知识学习的综合运用，目的是增强学生（学员）对理论知识的进一步理解，锻炼学生（学员）对理论知识的综合运用能力，培养学生（学员）的专业素养，是培养学生（学员）认识和观察社会、训练应用能力和操作技能的重要教学环节，是加强素质教育的重要手段。它不仅要求学生（学员）对本专业所学知识和技能进行综合运用，而且能够使学生（学员）通过实践活动，进一步提高其分析问题和解决问题的能力，实现培养目标。

学校根据教学计划组织实践教学活动和成人学习特点，采用集中式实践与分散式实践相结合，个别化实践与小组协作实践相结合，校内实践和校外实践相结合等方式开展实践活动。在实践活动完成之后，学生（学员）必须提交实践报告或实践活动总结，课程教师提交实践教学总结，专业责任教师负责收集、整理资料并建档。

实践教学的具体要求有：

1.开展实践活动的时间由各专业责任教师在期初制定计划确定，学生（学员）根据计划安排由助学辅导员组织，在责任教师的指导下进行。

2.在实践活动前，指导教师要作好充分的准备，有详细的实践活动计划、实践活动指导教案等，准备好相应的实践活动素材或仪器设备等。

3.学生（学员）根据具体要求参加并完成实践活动，作好实践过程记录。整个过程中要有指导教师全程指导。

4.实践活动完成后，学生（学员）、指导教师都要根据实践活动情况撰写实践总结。

第三节　网上学习

国家开放大学学习网（以下简称为"国开学习网"）是为了引导学生（学员）按照教学要求和学习计划完成学习任务，达到掌握知识、完成学业的目标，也是为加强对学生（学员）平时自主学习过程的指导和监督，对学生（学员）在学习过程中的行为表现如参加教学活动、课后练习的完成情况进行评价的最重要学习载体。在学习平台中有大量的优质学习资源，在读的开放教育学生（学员）可以通过网上自主学习各门课程，不受时间和地点的限制，开展网上学习。

一、学生（学员）网上学习要求

根据国家开放大学和湖南开放大学要求，就读开放教育的本、专科学生（学员）必须开展网上自主学习活动，现结合岳阳开放大学实际，具体要求如下：

（一）网上学习时间

开放教育在籍学生（学员）每周上网时间平均2小时，网络学习次数、总学时均由"国家开放大学学习网"后台进行记录和统计，期末记入形成性考核分数中（一般占20%）。

（二）网上学习方式

可选择点播、浏览、辅导、提问、答疑、师生讨论、网上做作业、练习等方式。每次学习时需用实名登录，登录方法如下：用14位学号作用户名，本人的出生日期（年月日8位）作为密码。

（三）上机选择

自主选择上网学习时间、地点和方式。岳阳开放大学全天免费提供电脑供开放教育学生（学员）进行网上学习。

（四）登录选课

各专业学生（学员）应根据各学期所开设的课程在开学一个月内登录"国家开放大学学习网"平台进行选课，并根据教学进度自主选择上网学习时间、地点和学习科目。

二、学生（学员）网上学习登录步骤

（一）打开国开学习网http：//www.ouchn.cn/。

在网页右上方"登录"处，选择学生登陆。

选择"学生登录"

（二）输入"学号"、"密码"（密码为默认八位数生日号码）和验证码，点击登录

输入"学号"、"密码"（密码默认为八位数生日号码），点击登录。

三、学生（学员）网上学习空间界面介绍

（一）登陆后界面上部分如下图所示：

1.在成绩页面中显示了学分情况，分为总学分和已获得学分，并在下面显示了每门课程的详细的成绩。

行政管理

23/72	18/55	5/17
已获得/总学分	已获得/必修总学分	已获得/选修最低学分

已完成必修课程 (总计获得18学分)

课程	形考总成绩	终考总成绩	总成绩	是否通过	获得学分
(00270) 当代中国政治制度	96	62	72	✓	4
(00510) 公共政策概论	98	88	91	✓	4
(02047) 政府经济学	94	76	81	✓	4
(02970) 国家开放大学学习指南	99	0	99	✓	1

2.在考务页面中，显示相应的考务信息。

学位外语 正在请求权限信息

请取消不想授权的项目
个人信息访问权限

☑ **用户ID** *(必备)*

☑ **个人信息**您的个人信息 (姓名、头像等)

☑ **国开用户信息**国家开放大学各类型用户的个性信息 (学号等)

应用访问权限

☑ **学位外语API**

☑ **记住我**

[确认授权] [不授权]   学位外语

3.在直播页面中，显示直播课程、直播时间、观看地址和历史课程。

直播课堂

标题	直播课程	主持教师	直播时间	观看地址
共有: 0条数据	分页: 1/1	首页	上一页	下一页	末页

历史课程

标题	直播课程	主持教师	直播时间	观看地址
测试	客户关系管理(53091)	吴淑萍	2020-12-23 08:30-08:30	观看录像
导学	毛泽东思想和中国特色社会主义理论体系概论(04678)	陈仔峰	2020-12-18 15:00-15:00	观看录像
第八、九、十章	幼儿园艺术教育专题(51958)	李禾	2020-12-03 20:00-20:00	观看录像
第六章、第七章	幼儿园艺术教育专题(51958)	李禾	2020-12-03 19:00-19:00	观看录像
测试的	习近平新时代中国特色社会主义思想(04391)	吴淑萍	2020-12-02 08:30-08:30	观看录像

4.在更多页面中，显示以下内容，根据实际需要来选择。

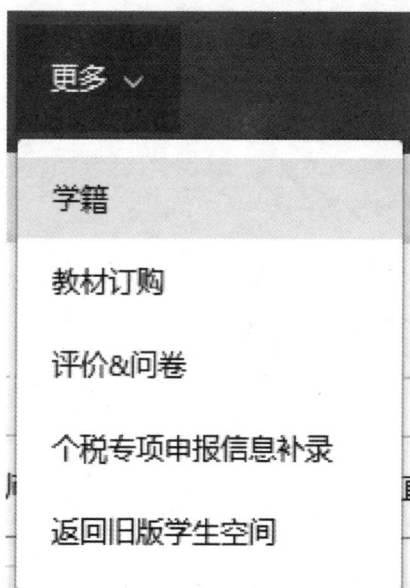

更多 ∨

学籍

教材订购

评价&问卷

个税专项申报信息补录

返回旧版学生空间

5.在学生（学员）空间的右上边，显示当前登录的学生（学员）姓名，单击一下，如图可以看到以下内容：

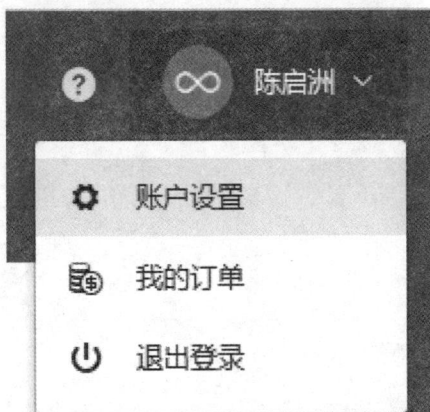

6.在账户设置页面中，可以进入密码设置，绑定安全邮箱，绑定安全手机。

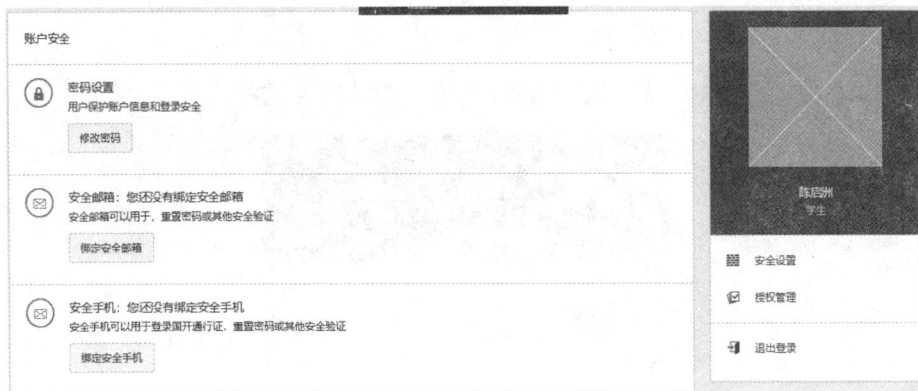

7.在我的订单页面中，显示出订单情况。

（二）登陆后界面下部分显示本学期的课程，如下图所示：

每门课程下面有相应的学分、课程性质（必修还是选修），有形考成绩，有本班排名，有无可提交作业或测验和学习进度情况。

四、学生（学员）网上学习内容介绍

点击进入学习，则进入某门课程的学习界面。

学习内容大致有如下几种：文本、视频、章节测试、形考测试、终考测试等。专业不同、层次不同、课程不同，学习内容则不同。

第一章 计算机系统概述 ∧

第1-2学习周安排

📝 文本一：学习安排 ◯

1.1计算机系统的基本组成和它的层次结构

📝 文本一：学习目标 ◯

📝 知识点1：计算机系统的基本组成 ⟨文本资源⟩ ◯

📺 知识点1：计算机系统的基本组成 ◯

📝 知识点2：计算机系统的层次结构 ◯

📺 知识点2计算机系统的层次结构 ⟨视频资源⟩ ◯

🖥 动画演示：计算机系统层次结构 ◯

✏ 边学边练 ◯

形考任务 ∧

形考任务

📝 形考任务说明 ◯

✏ 形考任务1 ◯

✏ 形考任务2 ⟨形考测试⟩ ◯

✏ 形考任务3 ◯

✏ 形考任务4 ◯

✏ 形考任务5 ◯

✏ 形考任务6 ◯

✏ 行为记录打分处 ◯

🖥 线下形考文件：计算机组成原理形考 ◯

🖥 附件：网络核心课程如何批改作业 ◯

第七节 标准输入函数scanf()的使用

📋 文本七：标准输入函数scanf()的使用 ⚪

▶️ 视频七：标准输入函数scanf()的使用 视频 ⚪

✏️ 自测练习七：标准输入函数scanf()的使用 自测练习 ⚪

第八节 C语言程序的上机操作过程

📋 文本八：C语言程序的上机操作过程 ⚪

▶️ 视频八：C语言程序的上机操作过程 ⚪

✏️ 自测练习八：C语言程序的上机操作过程 自测练习 ⚪

综合练习

✏️ 第一章 综合练习 〔 章节测试 〕

形考作业与终结性考试

✅ 第一次形考作业（第1-6章）

✅ 二次形考作业（第7-12章）

✅ 第三次形考作业（第13-17章）

💬 课程讨论（10分）

✅ 终结性考试 〔 终结性考试 〕

五、学生（学员）网上学习形考流程操作步骤（举例）

（一）管理心理学课程形考步骤

1.学生（学员）成功登录后，找到相应的课程，然后点击进入学习界面。

管理心理学

选修 3学分

形考成绩 0

本班排名 0/0

有4个作业和测验待完成

0/100

学习进度

进入学习

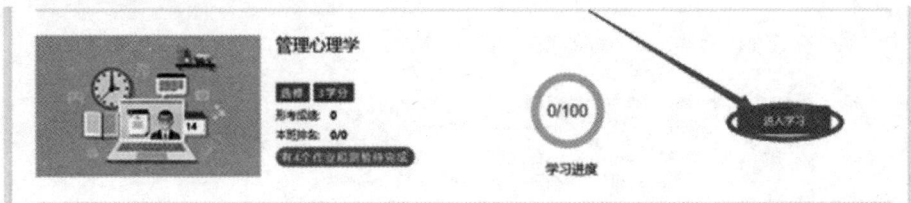

2.对于第一次学习的学生（学员），可以先点击考核说明，了解该课程考核方案。

考核说明

本课程考核满分100分，由形成性考核和终结性考核组成，具体考核组成如下：

形成性考核（总分 55）		终结性考核（总分 45）
第一性形成性考核（1-3 章）	15 分	1月4日-1月10日期间完成
第二性形成性考核（4-6 章）	15 分	
第三性形成性考核（7-10 章）	15 分	
主题发帖	10 分	
课程总考核成=形成性考核成绩+终结性考核成绩		

最后修改: 2020年09月24日 星期四 14:04

3.第一步：完成三次形考。

考核任务 2

考核说明

第一次形考(第1—3章)

第二次形考(第4—6章)

第三次形考(第7—10章)

【主题讨论】：从知觉偏差的角度，谈谈如何看待"情人眼里出西施"

终结性考核

4.每一次形考都有如下题型，按提示完成作答后点击保存成绩，电脑自动评分。

第一次形考(第1—3章)

亲爱的同学，

您好，在学完第1-3章后，请您完成本次形考任务。

本次题型及题量如下：

一、判断题（共10道题，每题0.5分，共5分）

二、单选题（共10道题，每题0.5分，共5分）

三、多选题（共10道题，每题0.5分，共5分）

全部做完后点击"提交所有答案并结束"，本次任务有多次答题机会，系统会记录最高分，请同学们珍惜机会，认真做题。

该测验已于 2021年01月8日 星期五 23:59 关闭

评分方法: 最高分

回到课程

5.第二步：完成主题讨论。

6.根据主题讨论要求，点击开启一个新话题。

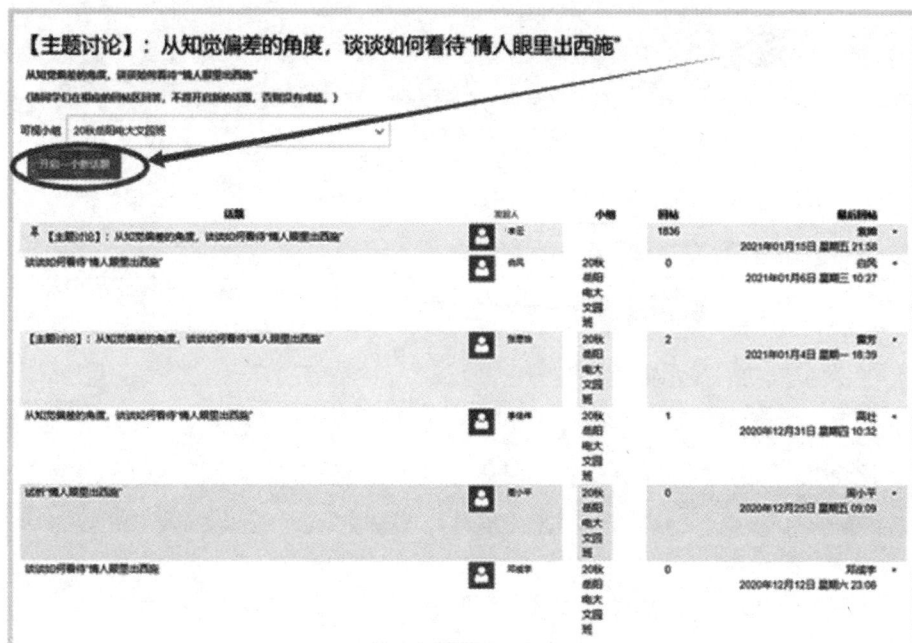

7.把答案填写到正文方框内，最后发布讨论区上。

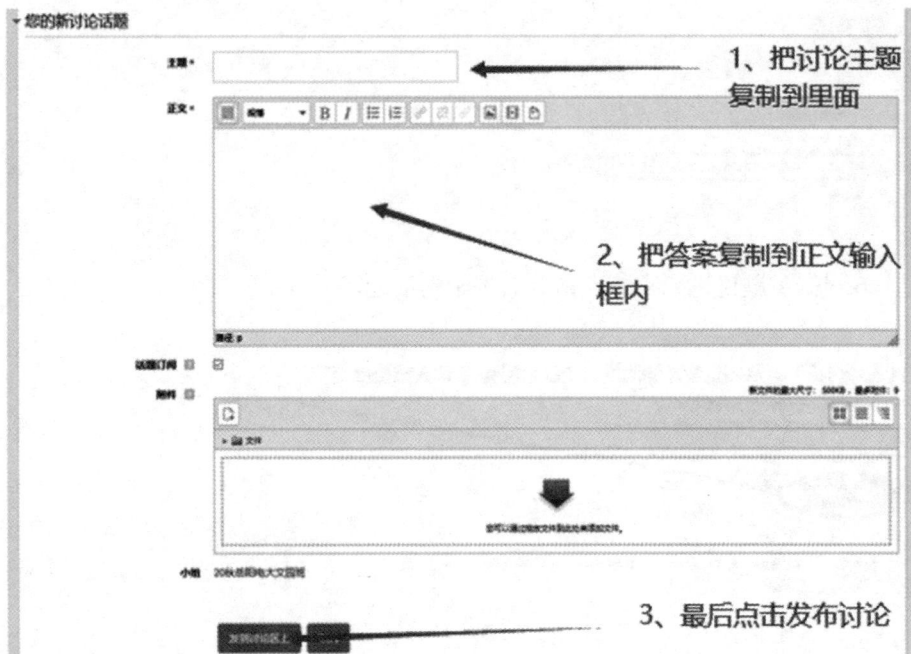

8.发布成功后显示如下：

9.最后一步：完成终结性考核。

10.终结性考核题型也是包含判断题、单选题、以及多选题。但是，在作答开始时间上有一定限制，具体看时间提示。只有一次作答机会！

终结性考核

亲爱的同学，

您好，在完成三次形成性考核和一次主题讨论后，请您完成本次终结性考核任务。

一、判断题（共15道题，每题1分，共15分）

二、单选题（共15道题，每题1分，共15分）

三、多选题（共15道题，每题1分，共15分）

全部做完后点击"提交所有答案并结束"，请同学们珍惜机会，认真做题。

允许试答次数：1

该测验已于 2021年01月10日 星期日 23:59 关闭

回到课程

★备注：管理心理学、个人理财、公务员制度讲座、婚姻家庭法学等相关课程网上作业操作步骤基本同上。

（二）管理英语1形考作业操作步骤

1.学生登录成功后，找到相应的课程，然后点击进入学习界面。

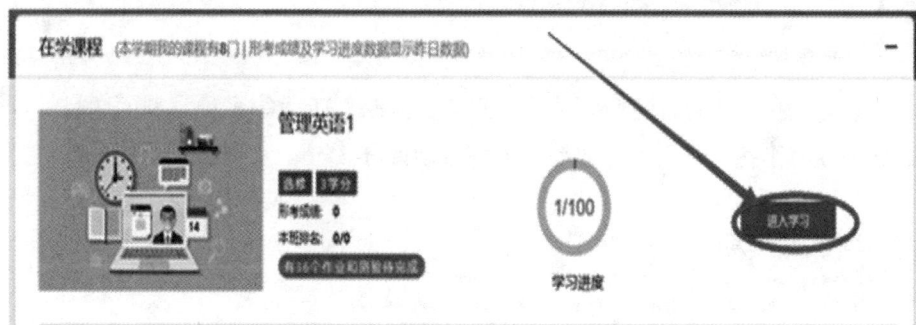

2.这时出现形考任务（八个单元自测）全部完成，学习行为评价是老师改分不用管。

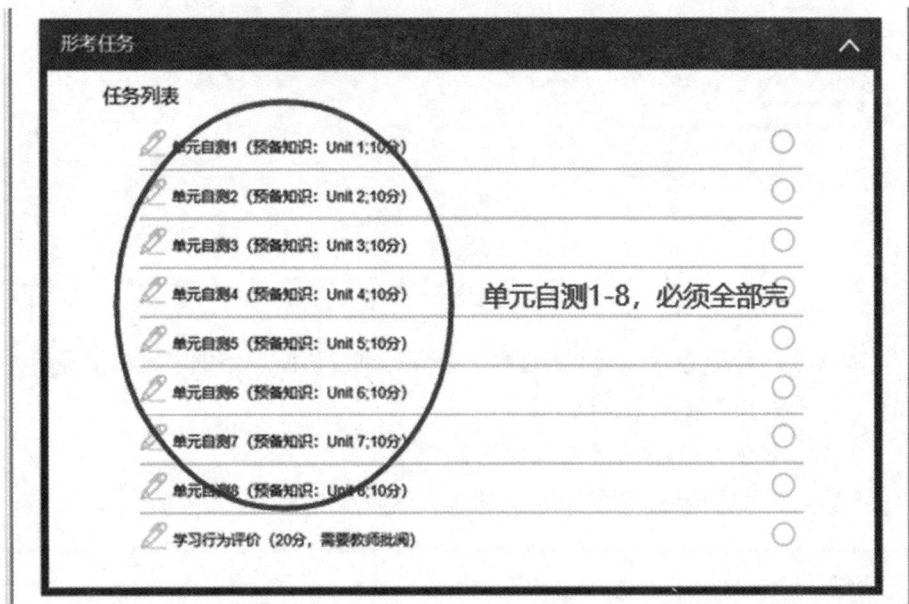

3.进入单元自测后题型为单选、阅读、判断、听力等多种类型的题目，可重复作答。作答完毕后保存成绩，电脑自动评分。

★备注：管理英语（1-4）、人文英语（1-4）、理工英语（1-4）、商务英语（1-4）操作步骤同上。

（三）管理学基础形考作业步骤

学生（学员）成功登录后，找到相应的课程（管理学基础），然后点击进入学习界面。

成功进入后点开形考任务，完成形考任务一至四。

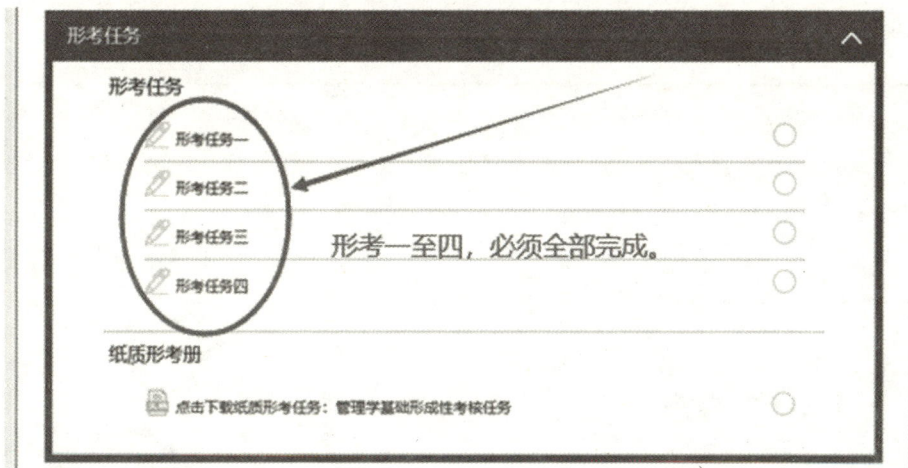

作业题型为单选题、多选题、判断题、案例分析题，注意只能作答2次。作答完毕后提交答案保存成绩，等待老师改分出最终结果。

形考任务一

亲爱的同学：

当你学习完教材第1—4章内容之后，完成本次任务：

题型说明：单选题15道，每小题2分，共计30分；多项选择题15道，每题2分，共计30分；判断题10道，2分，共计20分；案例分析题1道，共计20分。

上述题目全部做完后点击"提交所有答案并结束"，可查看本次形考任务者观题总成绩（案例分析题需要老师给分）。

本次形考任务只能做2次，请您认真完成，以取得满意的成绩。

允许试答次数：2

该测验已于 2021年01月8日 星期五 23:59 关闭

评分方法：最高分

回到课程

★备注：大部分网上作业题型同上。

（四）思想道德修养与法律基础形考作业步骤

1.学生（学员）登录成功后，找到相应的课程（思想道德修养与法律基础），然后点击进入学习界面。

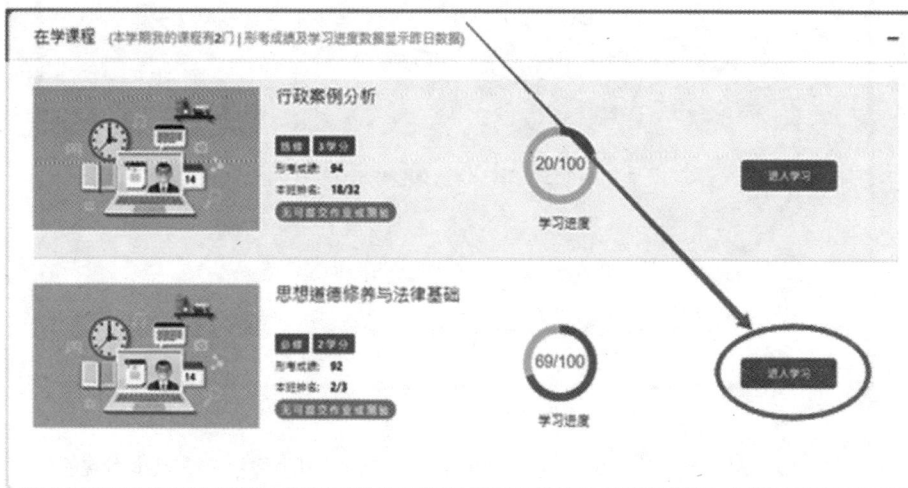

2.观看该课程所有视频（每一个专题里都有视频需要观看）。注意：不能快进，需按顺序点击播放完毕。

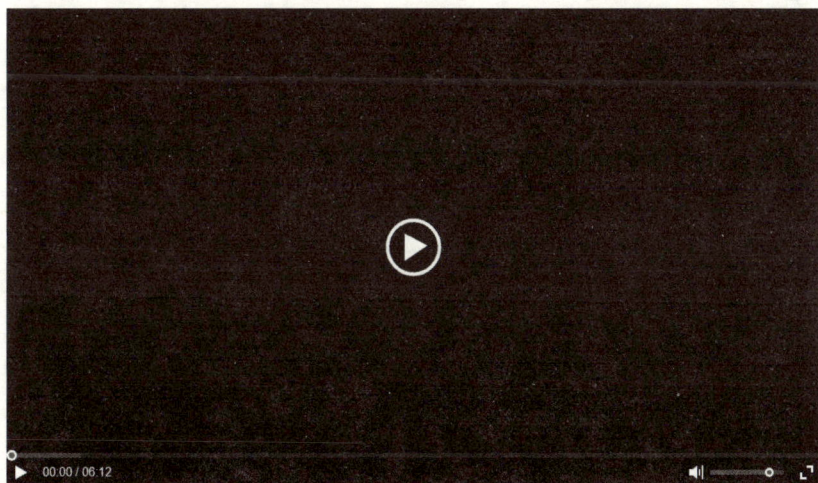

3.观看完视频后点击专题测验，进入形考，包含单选、多选、判断多种类型的题目，完成后再提交答题，保存成绩。自动评分（每一个专题里都有专题测验需要完成）

4.学生（学员）进入测验，显示效果，如下图：

专题检验

该测验已于 2021年01月8日 星期五 23:59 关闭

评分方法: 最高分

您上次答题的概要

试卷	状态	回顾
1	完成 提交于 2020年12月15日 星期二 20:06	不允许

回到课程

5.点击社会实践。注意：提交内容为观看一部有关爱国电影的观后感（1000字左右）。

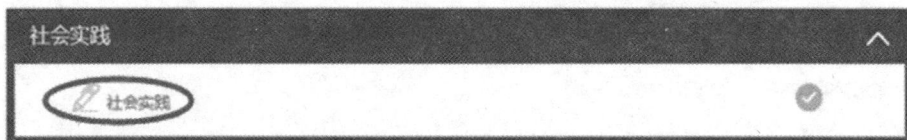

社会实践

6.通过这个窗口，学生（学员）可以将作业上传。

社会实践

任务要求: 在规定时间内完成分部组织的社会实践教学任务，撰写社会实践报告并上传，该任务占课程综合成绩的20%。

作业提交状态

提交状态	已经提交
评分状态	已评分
截止时间	2021年01月8日 星期五 23:55
剩余时间	提早5天9小时提交作业
最后修改	2021年01月3日 星期日 14:07
在线文本	✛ (118 个字) 电影《八佰》观后感心得 8月14日陪朋友把电影《八佰》看完了，的确是部好电影。最近有些忙，又有些懒，因此今天才写这篇文章。 主要讲述的是为了掩护大军撤退，同时为了在九国公约会议上博取大家的同情，希望国际社会可以制裁日本侵略者。88师524团在四行仓库多次阻击日本侵略者的故事。 电...
作业备注	✛ 评论 (0)

7.点击大作业。

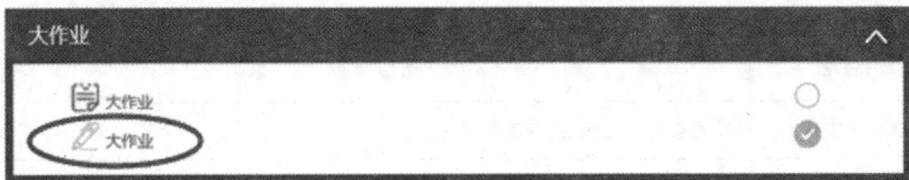

　　作业要求：三套试卷任选一套，不可网上全文抄袭。把答案添加到对话框里，提交保存，老师评分。

大作业考试说明

一　答题要求

1、本门课程共有三套题，请选择其中的一套试卷且只能选择一套试卷作答。

2、考生答题完毕后，可点击保存。在提交前可反复修改并保存。考生一旦提交后，不能再进行修改。

3、考生请在答题框内录入试题答案，不能以复制黏贴，不能以附件形式提交试卷。

4、答题要做到论述严谨、语句通顺，最重要的是能够理论联系实际、理论联系材料，进行深入分析，字数不少于1000字。

试卷一试卷二试卷三

作业提交状态

提交状态	已经提交
评分状态	已评分
截止时间	2021年01月8日 星期五 23:55
剩余时间	提早5天9小时提交作业
最后修改	2021年01月3日 星期日 14:11
在线文本	✚ (271个字) 思想道德修养与法律基础 试题（开卷） 一、材料分析题（80分） 2020年初，中国疫情期间人民抗疫鲜明凸显出中华民族团结的强大凝聚力，深化和升华了中国民众对于中国精神的认知。疫情发生后，武汉封城，全国人民支援湖北战"疫"，医护与生活物资紧急调配湖北，医护人员不顾感…

　　每一门思政课操作步骤同上，思政课包含：思想道德修养与法律基础、中国近现代史纲要、习近平新时代中国特色社会主义思想、毛泽东思想和中国特色社会主义理论体系概论、马克思主义基本原理概论。

　　★备注：社会实践这个环节只有《思想道德修养与法律基础》和《中国近代史纲要》这两门课程需要做，其他的思政课不需要做。

（五）会计学专科专业实训作业情况需要学生进入分校自建资源区，点击课程实训，进行学习和考试。

年级	实训课程
2017秋	管理会计、会计核算模拟实验
2018春	中级财务会计（二）、成本会计、管理会计、会计核算模拟实验
2018秋	中级财务会计（一）、中级财务会计（二）、成本会计、管理会计、会计核算模拟实验
2019春以后	基础会计、中级财务会计（一）、中级财务会计（二）、成本会计、管理会计、会计核算模拟实验

六、会计专业专科课程实践

为加强会计专科学生的动手能力训练，进一步规范开放教育会计学专科实践教学环节的教学和管理，特制定本实施方案。

学员直接登录国开学习网（www.ouchn.cn），在相关课程的"课程实训"模块中进行在线课程实训及会计模拟实验。学员必须参加以下实训课程：基础会计、中级财务会计（一）、中级财务会计（二）、成本会计、管理会计、会计核算模拟实验。

（一）登录学习网

（二）进入课程主页

00191	成本会计	湖南广播电视大学	责任教师	进入 进入总部 进入云教室
00195	成本会计#	湖南广播电视大学	责任教师	进入 进入总部 进入云教室
00340	电算化会计	湖南广播电视大学	责任教师	进入 进入总部 进入云教室
00447	高级财务会计	湖南广播电视大学	责任教师	进入 进入总部 进入云教室
52025	国际财务管理	湖南广播电视大学	责任教师	进入 进入云教室
02331	会计核算模拟实验	湖南广播电视大学	责任教师	进入 进入总部 进入云教室
51156	会计软件运用	湖南广播电视大学	责任教师	进入 进入云教室
51157	会计政策判断与选择	湖南广播电视大学	责任教师	进入 进入云教室
00691	会计制度设计	湖南广播电视大学	责任教师	进入 进入总部 进入云教室
00747	基础会计	湖南广播电视大学	责任教师	进入 进入总部 进入云教室

（三）点击分校自建资源区"进入课程实训"

📖 分部自建资源区

进入课程实训

📖 总部资源更新区

以下是总部资源更新区，千万不要错过哦！【添加方法】

（四）开始做题

（五）具体操作指南——以基础会计为例

1.课程实训配有文本指导和实训指导

2.题目可在右边题目栏选择，也可点击"上一题"、"下一题"选择

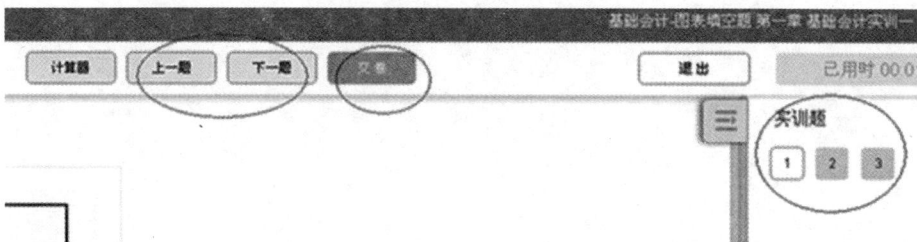

3.原始凭证在这里

4.原始凭证窗口可拖放，调节凭证界面大小

5.退出和交卷

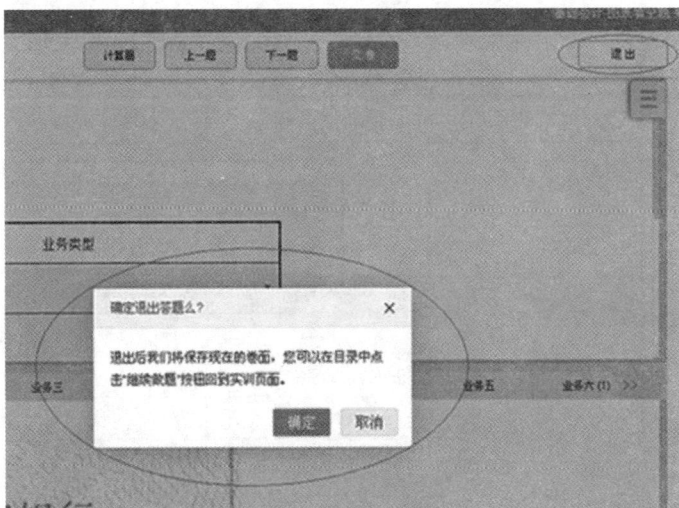

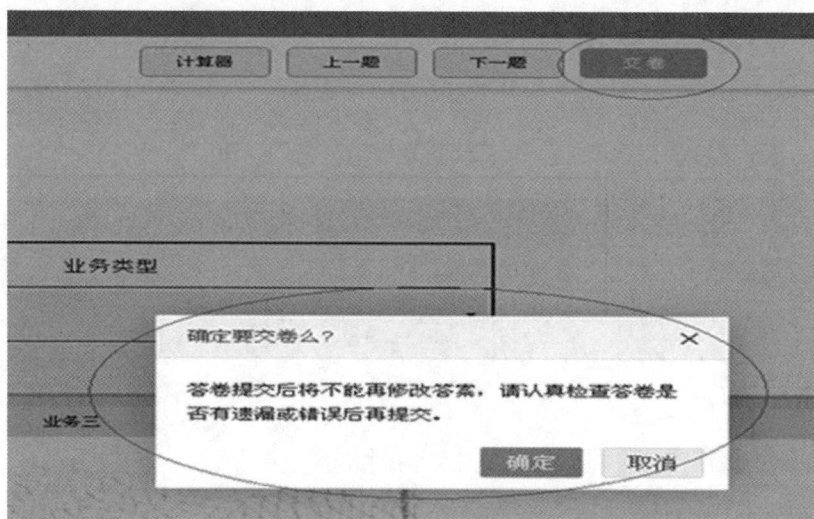

6.交卷后，可查看已做试题和正确答案

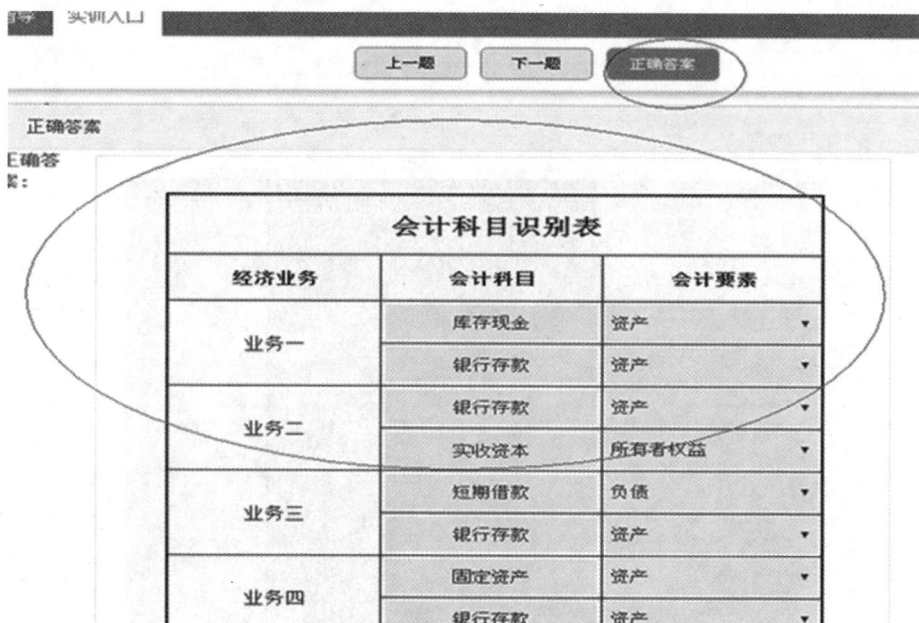

7.查看成绩

8.下载成绩

基础会计·图表填空题

📚 20题　　　　　　　　　　　　　　　　　　　　　总课时：0课时

学生成绩下载

下载学生成绩设置　　　　　　　　　　　　　✕

选择任教机构

全部机构　　　　　　　　　　　　　　　　　　▼

入学年份

2019　　　　　　　　　　　　　　　　　　　　▼

招生季节

全部季节　　　　　　　　　　　　　　　　　　▼

确定下载　　　取消

第四节　课程注册

一、开放教育课程体系构成

按照课程性质划分，开放教育的课程可分为必修课和选修课。

必修课是根据各专业的培养目标和规格要求，按照各专业知识结构的需要所设置的学生（学员）必须学习的公共基础课、专业基础课和专业课等。通过学习必修课，学生（学员）可以掌握该专业必备的基础知识、基本理论和基本技能。选修课是供学生（学员）拓展知识、开阔视野自主选择的课程。

开放教育每个专业一般由20—30门课程组成，这些课程可以分成6—8种类型，习惯上把性质相近的一类课程叫做一个课程模块，如公共基础课模块、专业基础课模块、专业课模块、专业拓展课模块、通识课模块、实践课模块、证书课模块、补修课模块等。

公共基础课是各专业普遍适用的基础课程，如开放大学学习指要、大学语文、英语、计算机应用基础等。专业基础课是适用于某类专业的基础课程。专业课是体现专业核心知识和核心技能的课程。专业拓展课是指专业学科前沿的专题讲座等课程。通识课是供所有开放大学学生（学员）选修的素质教育类课程。实践课是为配合理论教学，培养学生（学员）分析问题和解决问题的能力，加强专业训练和锻炼学生（学员）实践能力而设置的教学环节。证书课是既可以获得课程学分，又可以获得相应的非学历教育证书（职业资格证书、岗位技能证书等）的课程。补修课是注册开放教育本科（专科起点）专业学习的学生（学员）中，部分不具备相同专业专科学历学生（学员）的必修课。补修课由省级开大组织考试，不计入毕业总学分。注册本科学习并且更换专业的学生（学员），应重视补修课的学习，因为补修课对于能否顺利完成后面的学业有基础性的作用。

二、课程注册相关事项

（一）课程注册目的

学生（学员）每个学期学习或考试的课程都必须先在教务管理系统完成课程注册操作。如果课程注册未按时完成，那么将无法参加对应课程的网上学习和期末考试。

（二）课程注册依据

课程注册须严格按照专业责任教师制定的执行性专业规则进行，不得随意变换、增减课程。执行性专业规则的课程开设必须满足以下七个条件：

1.国开必修课必须开设；

2.开设的课程须满足模块国开最低学分；

3.开设的课程须满足国开毕业学分；

4.省开必修课必须开设；

5.开设的课程须满足模块最低毕业学分；

6.开设的课程须满足毕业最低学分；

7.为必须考补修课的学生（学员）开设补修课。

（三）课程注册流程

每个学期开学初，先由助学辅导员完成课程注册表的制作，并通知学生（学员）缴纳相关费用；然后学校财务根据学生（学员）的费用缴纳情况，指定未按时缴纳相关费用的学生（学员）不得进行课程注册；最后教务处根据开放教育学院和财务处相关领导签字确认的注册表为学生（学员）完成课程注册。

第五节　形成性考核

形成性考核是相对于终结性考核而言的。所谓形成性考核是"对学生（学员）日常学习过程中的表现、所取得的成绩以及所反映出的情感、态度、策略等方面的发展"所做出的一个综合考核，是基于对学生（学员）学习全过程的持续观察、记录、反思而做出的发展性评价和判断，是指在学习活动的过程中，为使学习活动效果更好而修正其本身轨道所进行的考核。其目的是"激励学生（学员）学习，帮助学生（学员）有效调控自己的学习过程，使学生（学员）获得成就感，增强自信心，培养合作精神"，是为了明确活动运行中存在的问题和改进的方向，及时修改或调整活动计划，以期获得更加理想的效果。

一、形成性考核的主要特点

形成性考核是对学生（学员）的学习过程进行的考核，旨在确认学生（学员）的潜力，改进和发展学生（学员）的学习。形成性考核注重从学生（学员）的需要出发，重视学生（学员）学习的过程，重视学生（学员）在学习中的体验，强调人与人之间的相互作用，强调多种因素的交互作用，重视师生交流。在形成性考核中，教师的职责是确定任务、收集资料、与学生（学员）共同讨论教学问题、在讨论中渗透教师的指导作用，与学生（学员）共同进步。

（一）形成性考核是促进学习者的学习而非对其进行排名或证明能力

形成性考核是教师和学生（学员）在学习期间用以认识并对学习阶段作出回应的一种过程，用来鉴定、判断或评价学生（学员）功课或学习表现的过程，并且此过程应用以塑造并提高学生的能力。

（二）形成性考核具有随学随考的特点

形成性考试是一种强调教师及学生（学员）使用从评估中所获得的信息来调整其教学或学习行为以使其更加有效的行为，学生（学员）可以在不同的时间不同的地点，通过平台上的学习，达到一定程度后随时考试的行为。

（三）形成性考核是课程考核的重要组成部分

形成性考核是对该课程考试的学习过程的一种检测，并不代表课程考试，仅作为课程考试的一个重要组成部分。

二、形成性考核的重要意义

（一）可以有效加强教学过程监控管理

开放教育模式的显著特点是"开放"，它给学习者提供了更多的学习机会和条件，可以很好地满足个性化，终身化学习的要求。但是，"开放"并不等于"放开"，更不是对学习者学习过程的"放空"。教育的实质在于强调对学习者的培养，强调对学习者良好学习能力的形成，最终得到一定的知识积累和技能。"冰冻三尺非一日之寒"，这需要经过一定的学习过程才能实现，决非"一蹴而就"，通过规定和实施科学的形成性考核可以达到对教学过程的有效监控。

（二）可以改善教学时空相对分离状况

开放教育环境下的教与学在诸多方面是相对分离的，如主讲教师与面授辅导教师分离，主讲教师与学习者分离，教学与考试分离等等，这种分离不仅存在于教学内容上，也存在于教学时空上。此外，开放教育要求以专业组织教学，学习者以自主学习方式为主进行学习，没有固定的教学班，这就给开放教育下的教与学的全面沟通造成了一定的困难。因此，规定和实施形成性考核，通过合理设计形成性考核的内容，实现教与学的一定程度的沟通，反馈教与学信息，提高教学针对性，从而缓解教学分离产生的诸多矛盾，达到因材施教、教学相长的目的。

（三）可以实现素质教育的要求

开放教育条件下，如果单凭期末一次性考试的形式和内容来决定学习者的学习成绩，就必然导致"应试教学"，面授辅导教师"应试而教"，学习者"应试而学"，通过突出重点内容，猜押题目，死记硬背等方法来对付学习和考核，忽视学习过程，漠视学习过程中的各种练习与训练，改变面授辅导的本意，这将不利于学习者综合素质的培养以及综合能力形成和提高。形成性考核包括纸质作业、实验报告、实践学习、小组学习、网上作业等，通过形成性考核，可以有效地延伸课堂面授辅导和补充课堂教学与教材的不足，可以全面了解，掌握学习者的学习过程和学习效果，从而加强对自主学习的有效监控，这对于真正显示开放教育下学习者自主学习模式，体现"教师是主导，学生是主体"的开放教育特征，实现开放教育下学生（学员）综合素质和能力的提高，最终全面实现素质教育具有重大意义。

三、形成性考核的基本步骤

开放教育的形成性考核分为网上形成性考核和非网上形成性考核。网上形成性考核指的是国家开放大学学习网的形成性考核，非网上形成性考核由岳阳开放大学及其所属教学点指导完成，湖南开放大学抽查监督。

（一）国家开放大学形成性考核

网站入口：http：//www.ouchn.cn/，打开界面如下图所示：

图3.5.1　国家开放大学学习网用户登录界面

学生（学员）登录：

1.学生（学员）使用14/13位学号，8位出生年月日作为初始密码登录形成性测评系统。

2.登录形成性测评系统后，首先要选择课程；选课后，才可正常查看或完成相关任务。

3.登录形成性测评系统后，如果显示"未分配到班级中"，学校管理员会将学生（学员）分配到班级中。

4.只有当课程主持教师发布任务后，学生（学员）才可查看或完成相应任务。

注意事项：

形成性测评系统软件环境要求IE浏览器在6.0以上，同时在IE浏览器设置中禁止关闭弹出窗口，禁止关闭javascript脚本运行设置。

如果关闭这些设置，学生（学员）在完成作业时，将会出现作业选项卡无法切换、上传作业对话框无法打开等问题！这时，学生（学员）可通过选择

IE浏览器的工具—〉Internet选项—〉高级，单击"还原默认设置"解决上述问题。

由于岳阳开放大学的助学辅导员已经帮学生（学员）进行了选课和课程注册，学生（学员）自己只要输入学号和密码，并通过验证码，就可以直接进行国家开放大学所开课程的网上形成性考核了。

（二）国家开放大学形成性考核操作中的几个问题

1.无法完成任务怎么办？形成性测评任务需在规定的结束日期内完成，超过任务的结束日期是不能完成本次任务的。

2.形成性测评任务是否可以反复完成？形成性测评任务如果全部是客观题，学生（学员）可在任务结束日期内重复完成；如果含有主观题或仅有主观题，学生（学员）则在老师未评阅之前、同时在任务结束日期内可以反复完成。如果选择重做一次，即使本次不想重做后修改任务，仅仅是浏览，也要单击"交卷"按钮，否则任务状态将会改为未提交，虽然成绩处仍会显示上次成绩，但此成绩已经无效，不会累加到"形考累计成绩"中。

3.登录形成性测评系统后显示"未分配到班级中"怎么办？学生（学员）登录形成性测评系统后显示"未分配到班级中"，学生（学员）需联系当地开大教学点管理员，将自己分配到班级中。否则，学生（学员）的成绩期末时无法导出，将会导致该门课程无成绩。

4.如何查看我的形成性测评成绩？"形考累计成绩"为加权后的成绩，即为形成性测评最终成绩。

5.我在答题框中无法删除文字？答题框，最大容纳字符2000字。超过2000字则无法输入，学生（学员）应当删除超出部分文字。具体办法是：选中全部内容，单击鼠标右键，选择"剪切"。这样，可删除答题框中的内容，重新输入答题内容。

国家开放大学的网上形成性考核成绩就是该科目的形成性考核成绩，不再另外进行其他的形成性考核。

（三）岳阳开放大学形成性考核（非网上形成性考核科目）

开放教育学生（学员）的学习成绩由两部分组成，即形成性考核成绩和期末考试成绩。形成性考核成绩必须及格，学生（学员）的学习成绩才能及格。

为了对学生（学员）平时自主学习进行有效的监控，对形成性成绩进行严格考核是十分必要的。

1.形成性考核内容

形成性考核包括学生（学员）自主学习的各个方面，主要有平时作业、上网学习、面授辅导、小组活动、实践教学等方面。

2.考核计分标准

形成性考核成绩一般占一门课程总成绩的20%到30%，实习百分制标准。其具体比例如下：

表3.5.1　形成性考核成绩分配比例表

总分	平时作业	网上学习	线下教学活动
100	30	40	30

各个环节的具体要求：

（1）平时作业30分。开放教育本专科各专业的所有课程均应完成平时作业。平时作业的成绩与其它相应形式的形成性考核成绩以一定比例记入期末总成绩。具体操作办法是：凡国开、省开统一规定的平时作业必须认真完成。国开、省开学期未布置平时作业的课程由课程辅导教师安排，每一门课程每一学期至少布置4次。由课程辅导教师进行审阅评分，并登记每次成绩。

（2）网上学习40分。网上学习是现代远程开放教育学习过程中非常重要的手段，学生（学员）必须很好地利用这一手段进行自主学习。网上学习的具体要求是：

①注册：开放教育学生（学员）必须建立自己的电子邮箱，必须到国家开放大学平台注册用户名，否则扣除该项分数5分。

②上网学习时间：每位学生（学员）每周上网时间不得少于2小时，否则扣除该项分数10分。

③参加三级平台活动：必须参加国家开放大学、湖南开放大学和岳阳开放大学各学期组织的各项网上教学活动（包括直播课堂、实时答疑、双向视频活动），具体活动及次数由助学辅导员根据三级开大的网上安排确定，学生（学员）参加活动次数少于1次者，扣除该项得分10分。

以上三项由助学辅导员登记成册。

（3）线下教学活动30分。线下教学活动主要包括面授辅导、腾讯直播课堂、实践教学活动、学习小组活动等。

对于专业理论课，学校会根据学生（学员）需求安排面授课堂或直播课堂；对于实践课，学校会根据学生（学员）需求安排学实践教学和小组活动，并提供活动总结表。学生（学员）每参加一次线下教学，该项加分为5分；参加线下教学超过总次数的50%者，即获满分30分；从未参加线下教学活动者计0分。面授辅导的考勤由各助学辅导员负责登记。

3.考核管理方式

（1）学生（学员）必须分别在上学期6月18日、下学期12月18日前将本学期平时作业交与助学辅导员，由助学辅导员收集好后交与课程辅导教师，课程辅导教师在5个工作日内评阅完作业并登记分数交与助学辅导员。

（2）网上学习、线下教学活动部分形考成绩由助学辅导员根据学生（学员）学习情况按上述规定进行考评打分。

（3）形成性成绩考核工作必须分别在上学期6月30日、下学期12月30日由助学辅导员统计完成，最后上交至教务处进行最后的成绩录入。

第六节　实践环节

一、课程实践与综合实践

开放教育的实践环节包括课程实践和综合实践两部分。

（一）课程实践

课程实践包括课程实务、课程实验、案例分析、课程社会调查、课程大作业、实践性课程等。课程实践环节学生（学员）应当根据学校的安排如期完成，作为形成性考核成绩记录。

（二）综合实践

综合实践也叫集中实践环节，是各专业学生（学员）的必修环节，不能免修，一般安排在最后一个学期集中进行。该环节由国家开放大学统一制定教学大纲或要求，省、市开放大学按照统一的教学大纲或求组织实施和考核。综合实践包括社会实践和毕业作业（论文、设计），根据不同的专业性质，采取实习、社会调查、毕业设计、毕业论文等形式完成。

二、社会实践

社会实践是培养和训练学生（学员）认识和观察社会、掌握专业技能的重要教学环节。它不仅要求学生（学员）对本专业所学知识和技能进行综合运用，而且要求学生（学员）通过社会实践，进一步提高分析问题和解决问题的能力，实现培养目标。学校根据各专业的特点和需要，积极建立和充分利用实习基地，为学生（学员）圆满完成社会实践创造有利条件。

（一）社会实践方式

1.社会调查。由学生（学员）自主确定调查题目，报当地开放大学审核批准，学生（学员）根据题目开展调查活动，写出调查报告（或体会）。

2.项目实践。由当地开放大学或学生（学员）选定项目，报当地开放大学审核批准，学生（学员）根据该项目的安排从事管理实践活动，并形成有关方案或成果。

3.模拟实验。比如会计专业，国家开放大学就提供模拟实验平台，构建个样本企业的动态会计核算流程，学生（学员）扮演特定的角色参与到会计核算的各项任务中去，完成企业从期初余额录入、填写会计凭证、登记会计账簿、编制会计报表一整套会计核算流程。

4.思政课社会实践。综合运用第一课堂和第二课堂，组织开展系列讲堂，深入开展社会实践、志愿服务、实习实训活动。部分思政课程形考任务增加了社会实践栏目。

5.由学校组织参观、访问等多种形式，开展社会实践活动。

6.建议以小组的形式开展社会实践活动，小组以2—3人为宜。

（二）社会实践内容

各专业社会实践必须具有专业特色，活动内容应当在专业范围内。

（三）社会实践要求

1.开展社会实践的时间由学生（学员）自主安排，学生（学员）向所在学校（分校以上）提出申请，学校同意后，负责安排指导教师。实践活动完成后，由学校组织评定成绩。原则上在学生（学员）修满最低毕业学分的80%以上时，应完成社会实践。社会调查、管理实践的时间不少于二周。

2.进行社会调查的学生（学员）要根据选题列出提纲（包括调查对象和调查内容），作好调查过程记录。进行管理实践的学生（学员），则应当根据项目要求列出活动提纲，作好活动记录。

3.思政课社会实践主题、内容应围绕相关思想政治理论课教学内容进行选择。比如，参观爱国主义教育基地、观看爱国主义教育电影撰写观后感；参加志愿者服务活动，撰写活动感受。提交的感悟、体会与报告字数为500字以上，要求学生（学员）个人独立完成，不得抄袭。学生（学员）同时向辅导教师提交本人参加社会实践的照片、盖章的证明文件等原始资料。

4.参加社会调查活动的学生（学员），根据调查结果写出调查报告。调查报告的内容应包括：调查对象一般情况、调查内容、调查结果、调查体会。字数要求不少于3000字。调查报告要求语言简练、明确；叙述清楚、明白；资料、数据真实；结论要有理、有据。

5.参加项目实践活动的学生（学员）应提交完整的项目报告或项目成果。

6.以小组为单位进行社会实践的学生（学员），要明确小组成员的分工。原则上每人提交一份调查报告，如小组合写，需在报告中附上每一位成员承担的任务和完成情况说明，且字数须在4000字以上。

7.学生（学员）提交调查报告或项目报告时，必须附调查过程记录或活动记录。

（四）考核与成绩评定

1.考核内容

社会实践时的基本情况与表现；调查报告（或项目报告、工作总结等）的内容与文字表达。

2.考核标准

社会实践成绩分合格和不合格两等。

对于社会调查，调查过程记录清楚完整，调查内容真实，完成调查题目指定要求者为合格；调查过程记录清楚完整，调查内容真实，没有完成调查题目指定要求者，如果能够对调查过程进行认真分析并写出体会者也为合格。凡调查过程记录不完整，调查内容不真实者为不合格。

对于实践活动过程记录清楚完整，内容真实，完成项目指定要求者为合格；活动过程记录清楚完整，内容真实，没有完成项目指定要求者，如果能对活动过程的不合理部分进行认真分析并写出体会者也为合格。凡工作过程记录不完整，内容不真实者为不合格。

第七节　毕业作业

毕业作业，是根据专业教学的要求，对学生（学员）所学知识和理论进行综合运用的培训，旨在培养学生（学员）的专业研究素养，提高分析和解决问题的能力，使学生（学员）的创新意识和专业素质得到提升，使学生（学员）的创造性得以发挥。

一、毕业作业写作要求

（一）学分及字数要求

毕业作业为5学分，是必修环节，不得免修。凡修完专业必修课程，已修课程学分达到全部课程总学分80%以上的学生（学员），经申请可参加毕业作业的写作。

本科毕业作业字数一般不少于5000字，不超过10000字。专科毕业作业字数一般不少于3000字，不超过8000字。

（二）写作要求与构成要素

专科毕业作业有社会调查报告、毕业论文，本科以论文和设计为主。本科生的毕业作业应该采取具有一定理论价值和实践意义的论文形式。

1.论文标题

论文标题应当以最恰当、最简明的词语反映论文中最重要的特定内容的逻辑组合。标题书于论文首行，居中排列。

2.写作者署名

书写写作者姓名全称，书写在标题下行，居中排列。

3.摘要

摘要是论文不加注释和评论的简短陈述。摘要字数通常为200—300字。摘要除汉语稿外，一般还需要英语稿。

4.关键词

关键词是从论文中选取出来用以表示全文主题内容信息款目的单词或术语。关键词通常为3–8个词。关键词应尽量用《汉语主题词表》等词表提供的规范词。关键词除汉语稿外，一般还需提供英语稿。

5.目录

目录一般应列出论文正文的一、二级标题、附录、参考文献、后记等，标出对应页码。

6.正文

正文是论文的主体部分，通常由引论、本论、结论三部分组成。这三部分在行文上可以不明确标示。正文的章节、层次应以小标题、序码词等予以标识。正文字数本科论文5000–10000字，专科论文3000–8000字。

7.注释

对所创造的名词术语的解释或对引文出处的说明。注释采用脚注形式。

8.参考文献

作者在写作过程中使用过的文章、著作名录。标明作者、著作名或论文名、期刊名与刊号、报纸名与年月日、出版单位与出版时间。

9.开题报告

10.毕业论文教师指导记录表

11.毕业论文指导教师责任承诺书

12.毕业论文写作过程考核表

13.毕业论文评审与答辩记录表

【链接】毕业论文参考题目

一、计算机科学与技术专业毕业论文参考题目

1.课件制作（PPT除外）

2.新闻网页自动生成系统的开发

3.多媒体同步实时授课系统中应用程序共享研究

4.基于web的远程测控系统研究

5.基于B/S模式文献检索系统的设计与开发

6.在线图书馆信息管理系统的设计及实现

7.浏览器过滤软件实现

8.基于局域网的IP数据包监控软件实现

9.程序执行结果模拟器

10.计算机硬件检测系统图像处理软件

11.ITS信息平台的设计与分析

12.工作备忘录的设计与实现

13.动态网站制作

14.网站视频点播

15.个人网页设计与友情连接

16.图像处理软件包

17.家庭理财管理信息系统设计

18.人事信息管理系统设计

19.VB数据采集系统设计

20.VC数据采集系统设计

21.基于短信的智能导行系统模型及设计

22.随机仿真模型

23.远程打印及计费管理系统

24.机房无人值守系统

25.虚拟现实技术应用研究

26.客户管理系统

27.网上图书馆（在线浏览及在线查询）

28.XXX工资计算系统

29.网上超市（电子商务网站的建设）

30.客户关系管理系统

31.餐饮娱乐管理系统的开发与设计

32.图像识别技术（计算特定物体的个数，图像检索技术）

33.图像检索系统设计与开发

34.视频会议系统设计与开发

35.多媒体毕业纪念册及播放系统设计开发

36.网络媒体播放器设计与实现

二、行政管理本科专业毕业论文参考选题

1.我国实行行政问责制的现实困境与途径选择

2.论领导干部责任追究制度

3.事业单位改革探索——以某某单位为例

4.美丽乡村建设的现状问题及对策探析 ——以某某村为例

5.对××县解决"三农"服务问题的思考

6.某地（某项）公共政策制定（或执行）中的问题及对策分析

7.人口老龄化背景下城市养老体系的构建

8.当前地方政府信用问题的反思与重塑

9.论我国公务员考核制度的创新

10论公车改革的难点与途径

11.新农村建设过程中存在的问题与对策

12.论公共管理中的听证制度

13.失地农民养老保障问题与地方政府对策分析

14.某某地区精准扶贫工作的问题及对策探析

15.政府信息化给政府管理带来的机遇、挑战及对策

16.★★★政策（例如：假期高速免费等）评估

17.我国农村医疗保障体系问题探讨

18.论诚信政府（服务型）建设

19.重大事故危机决策与应急体系建设——★★★案例分析

20.★★★事件（例如："深圳房补"事件等）之政府管理分析（反思）

三、行政管理（村镇管理方向）本科专业毕业论文参考选题

1.浅谈农村空巢老人的养老问题——以××村为例

2.农村村民自治存在的问题及对策分析——以××村为例

3.加强基层党组织执政能力的对策分析

4.浅论农村生态环境保护问题——以××村为例

5.浅论湖南农村村委会选举中存在的问题及其对策——以××村为例

6.试论当前地方政府行政不作为的成因及其治理对策

7.试论湖南乡镇政府机构改革

8.浅析诚信乡级政府的构建

9.试论当前地方政府行政不作为的成因及其治理对策

10.浅谈湖南农村弱势群体的困境及其出路

11.试论当前农村养老保险制度的构建

12.试论困扰湖南农村城市化进程的问题与对策

13.浅析××村小城镇建设中存在的问题与对策

14.湖南村民自治制度中存在的问题与对策分析——以××村为例

15.农民负担过重的原因与对策分析

16.村民自治制度与农民的决策参与方式——从××村村委选举引发的思考

17.湖南农村义务教育政策落实的现状、问题与对策研究——以××村为例

18.失地农民养老保障问题与地方政府对策分析

19.农村留守儿童教育问题浅析——以××村为例

20.浅析农村社区文化建设现状、问题及对策——以××村为例

二、对指导教师和学生（学员）的要求

（一）对指导教师的要求

要根据毕业论文的具体要求和安排，制定详细工作计划；指导学生（学员）正确选题，指导、审定开题报告；指导学生（学员）进行文献检索，推荐参考书目和资料并指导阅读；对每位学生（学员）毕业论文进行分阶段指导，

原则上指导次数不得少于4次，总计时间不少于8小时。每次指导需进行较详细记录；适时集中面授指导；检查学生（学员）独立完成写作工作情况，鉴别并制止抄袭、剽窃等造假行为。

（二）对学生（学员）的要求

要采取多种方式密切与指导教师的联系；经指导教师同意选题后，写作过程中不要轻易更改题目；文章严禁抄袭。如果指导教师发现论文为抄袭，将退回并要求重写；如果答辩中发现论文为抄袭，将判为不及格；要在规定的时间期限内选题、写作及上传到论文平台，切忌拖泥带水；最后定稿时，必须按照毕业论文的标准格式行文。

三、毕业作业成绩评定

毕业作业成绩分为优、良、中、及格、不及格五等。

（一）优

符合党和国家的有关方针、政策；观点明确，能深入进行分析，并有独到见解；理论联系实际，有一定的现实意义；中心突出，论据充足，层次清楚，结构合理，语言流畅。

（二）良

符合党和国家的有关方针和政策，能够运用所学知识，理论联系实际，观点明确，分析比较深入；中心明确，论据较充足，层次清楚，语言通顺，结构合理。

（三）中

符合党和国家的有关方针和政策，能够运用所学知识，理论联系实际，观点比较明确，能够运用所学知识去分析问题；中心比较明确，论据比较充足，层次清楚，语言通顺。

（四）及格

符合党和国家的有关方针和政策，基本上能够运用所学知识去分析问题，但内容尚欠充实；中心论题较明确，材料较充足、具体但不够典型；尚能联系经济工作实际，但论证不够充分；文章有一定的条理，一定的论据，文字尚通顺。

（五）不及格

不符合党和国家的有关方针和政策，或在经济理论上有原则性错误；未掌握已学的有关专业知识、技能差；文章无中心，层次混淆不清，主要论据短缺；论点论据脱节或严重搭配不当；抄袭他人文章、成果、书籍者。凡具有以上条款之一者，应判为不及格。

第八节　学位论文

撰写学位论文，是获得国家开放大学学士学位的必要条件之一，也是学校全面深化改革、提高教学质量、提升人才培养质量的重要环节。

一、学位论文工作要求

全省开放大学系统学位论文工作纳入省开集中统筹管理，市州开大主要承担非学术支持服务。

（一）市州开大职责

1.期初统计学位论文指导申请学生（学员）名单，提交省开教务处；

2.与省开教务处、指导教师和学生（学员）保持经常联系，负责督促学生（学员）按时按质完成写作及答辩；

3.规范整理所有学位论文材料，审核签字并盖章后交省开教务处；

4.实时掌握学位论文管理过程中的情况，及时向省开反馈与建议。

（二）时间进度要求

1.学生（学员）原则上可以最早从第四学期开始申请学位论文写作，但学生（学员）必须已修完统设必修课并获得毕业要求最低学分的70%及以上；

2.为保障学位论文写作与学位终审的有效对接，需要申请学位的学生（学员）必须在第三学期参加学位英语考试，学位英语考试和必修课考试成绩达标均不能迟于第四个学期；

3.为保障学位论文写作的有效性，学位论文写作时间最多只能提前于学位申请时间一个学期；

4.一般情况下，当期申请学位论文写作，下期才能向国家开放大学总部申报学位和上传学位论文材料，指导、答辩一般可在当期完成，也可延续到下期第6周之前完成。但学生（学员）在论文写作当期需要申请学位的，必须最迟在当期第8周之前完成指导、答辩。

二、学位论文工作流程

（一）工作部署

每学期第2周，省开教务处发布全省开大系统毕业（学位）论文工作安排。

（二）指导申请

第3周，市州开大向省开教务处提交学位论文指导申请学生（学员）名单。

第4周，省开教务处汇总申请名单，按专业分发到省开各学院。

（三）论文指导

第4周，省开各学院根据市州开大指导申请名单，统筹分配指导教师，并将名单反馈省开教务处。

第5周，省开教务处汇总各学院分配信息，并下发市州开大。

第6周，市州开大教学管理人员及时通知学生（学员），组织学生（学员）与所分配的指导教师建立直接联系。

第7周—14周，指导教师在规定时间内指导学生（学员）认真完成学位论文的写作，并通过知网查重，定稿后签署相关意见，将学位论文写作通过名单报省开相关学院。

（四）论文答辩

1.各答辩小组在省开相关学院统筹安排下，完成学位论文答辩工作（论文在知网查重率不超过20%，方可参加答辩）。

2.各答辩小组认真填写答辩记录，签署答辩意见和评定成绩后将纸质材料交指导教师。

（五）材料提交

1.答辩通过的学生（学员），按要求打印纸质学位论文一份和评审表一式两份，其中第二次申请学位的另需提交国家开放大学学士学位论文修改说明一份。

2.所有纸质材料经学生（学员）本人签字和市州开大盖章后以市州开大为单位邮寄省开教务处。

（六）材料审核与申报

1.指导教师对所指导学位论文纸质材料的内容进行评审签字，再报省开相关汇总。

2.省开各学院对所有论文材料的规范性再次进行审核，并签字盖章后交省开教务处。

3.省开教务处根据当期申请学位名单，对各学院评审通过的学位论文再次在国开查重系统进行查重，查重超标的，反馈给指导教师，指导学生再次修改。

4.查重通过后，省开教务处将论文信息、评审表信息、查重信息等录入国家开放大学新教务管理系统，审核通过后上传学位论文及评审表电子稿，同时将纸质材料汇总移交学籍科随同学位材料一同上报国家开放大学总部。

三、学位论文写作形式要求

（一）学位论文形式及内容

学位论文由题目、摘要、目录、正文、参考文献、注释、附录等部分组成，具体要求如下：

1.题目：力求简明、恰当，一般不超过25个汉字。

2.摘要：应当以精炼、准确的语言，说明本论文研究的目的、方法及内容，展现论文的重要信息。字数不少于300字，关键词应当反映全文主要内容信息（不少于3个）。

3.目录：由标题名称和页码组成，内容包括正文篇章节的序号、标题、参考文献、附录等。

4.正文：为学位论文的主体，内容须合乎逻辑，层次分明，简练可读，应包括绪论、论文主体和结论等内容。其中绪论要求说明论文的选题、文献综述、写作背景、目的和创新点等，论文主体是论文的研究过程和主要内容，结论为论文总体的总结性文字，要求明确、精炼地总括本论文的观点。

5.参考文献：是学生（学员）本人真正阅读过且在正文中有引用的文献，

要求依次写明作者、书名（文章题目）、出版单位（期刊名）、出版时间（期数）版次、页码等。

6.注释：为论文中的字、词等作进一步说明的文字，以脚注形式置于该页下方，并在注释结尾标明所引用的页码。

7.附录：对于不宜放在正文中，但有参考价值的内容，可编入附录中，如调查问卷、计算机程序等。

（二）论文篇幅

论文正文字数一般不少于6000字。

（三）论文的打印、装订格式

1.论文正文页面规格

学位论文一律使用A4纸双面居中打印，小四号宋体字体，字符为标准间距，每段左空2字编写。

版面设置数据参考值：页边距分别为上、下各2.6cm，左、右各3cm；页眉、页脚各1.8cm。文字的行间距为1.5倍行距，段间距为0。

2.装订顺序

题名页（扉页）—原创性声明—授权声明—目录—摘要—正文—参考文献—附录—发表学术论文目录（可选）—后记或致谢（可选）。

3.排版格式

①目录。"目录"两字居中编排（小二号黑体字体加粗），两字间空1格（注："一格"的标准为一个汉字，以下同），单倍行距，段前、段后各空24磅，下空1行为章、节、条或章、条、款及其开始页码，一般标记到三级标题。每一级标题的层次代号和文字为小四号黑体。

②摘要。"摘要"两字居中编排（小二号黑体字体加粗），两字间空1格，单倍行距，段前、段后各空24磅；"摘要"两字下空1行，编排摘要内容（四号宋体字体）。段落按照"首行缩进"格式，每段开头空2格，标点符号占1格；摘要内容后下空1行左空2格编排"关键词"三字（四号黑体字体），其后为圆角冒号和关键词（四号宋体字体），关键词之间用分号分隔。

③正文。第一层次：1级标题使用小二号黑体字体加粗，单倍行距，段前、段后各空24磅，题序和标题之间以顿号隔开；第二层次：2级标题使用小

三号黑体字体加粗，单倍行距，段前、段后各空18磅；第三层次：3级标题使用小四号黑体字体加粗，单倍行距，段前、段后各空12磅；第四层次：4级标题使用小四号楷体字加粗；正文文字内容使用小四号宋体字体，文字的行间距为1.5倍行距，段间距为0。

④图表。图的编号由"图"字和从1开始的阿拉伯数字组成，例如"图1"等。图应当有图题，并置于图的编号之后。图的编号和图题应当置于图下方的居中位置；表的编号由"表"字和从1开始的阿拉伯数字组成，如"表1"、"表2"等。每张表应当有表题，置于表的编号之后。表的编号和表题应当置于表上方的居中位置。

⑤参考文献。参考文献是文中引用的有具体文字来源的文献集合。按照GB7714《文后参考文献著录规则》的规定执行。引用文献总数不少于10篇；参考文献以文献在整个论文中出现的次序用[1]、[2]、[3]……形式统一排序、依次列出；参考文献的表示格式为：

著作：[序号]作者.书名[M].出版地：出版社，出版时间：引用部分起止页

期刊：[序号]作者.文章题目[J].期刊名，年，卷（期）：引用部分起止页

会议论文集：[序号]作者.文集[C]名.出版地：出版者，出版时间：引用部分起止页

学位论文：[序号]作者.题名[D].保存地点：保存单位，年份：引用部分起止页

专利：[序号]专利申请者.题名：国别，专利号[P].发布日期.

⑥附录。依序编排为附录1、附录2……。附录中的图表公式另编排序号，与正文分开。

⑦注释。注释正文用小五号宋体，注释序号采用①②③④的方式使用上标表示，每页单独编号。

（四）违反学位论文形式规范的责任

如果学位论文不符合本规范规定的标准，指导教师、评阅人、答辩小组和学位评定分委员会可视情节轻重，分别作出限期修改论文、延期再答辩及不建议授予学位等处理的决定。

四、学位论文成绩评分标准

学位论文评审成绩结果分为5级层次：优秀、良好、中等、及格、不及格。指导教师或答辩小组根据以下标准进行评审后，给出论文成绩：

（一）优秀（90-100分）

1.符合论文写作要求，选题具有较强的实用性、创新性、科学性、可行性和专业性；

2.分析研究方法正确，方案设计合理，能正确、灵活地综合运用专业基础理论、基础知识分析和解决问题；

3.论文的观点鲜明、正确，有独到见解和创新，材料详实、充分，数据完整、可靠，论证有力、充足，层次分明、逻辑清楚、结构完整、语句通顺、格式规范，文字材料所必须的附件齐全；

4.满足专业要求的文字材料写作篇幅，无明显文字错误，论文形式完全符合要求。

（二）良好（80-89分）

1.符合论文写作要求，选题适当，有一定的实用性、科学性、专业性和可行性；

2.分析研究方法正确，能综合运用专业基础理论、基础知识分析和解决问题；

3.论文的观点正确，材料充分，数据可靠，论证比较有力，逻辑性比较强，结构完整，语句通顺，条理清楚，格式规范，文字材料所必需的附件齐全；

4.满足专业要求的文字材料写作篇幅，无明显文字错误，论文形式符合要求。

（三）中等（70-79分）

1.基本符合论文写作要求，选题的应用性和实用性不强；

2.分析研究方法基本正确，能运用部分专业基础理论和基础知识分析和解决问题，无原则性的错误；

3.论文观点基本正确，材料基本齐全，基本规范，论证有一定说服力，结构比较完整，语句通顺，条理清楚，格式比较规范，文字材料所必需的附件不齐全；

4.满足专业要求的文字材料写作篇幅，有部分明显文字错误，论文形式大部分符合要求，个别地方不符合要求。

（四）及格（60~69分）

1.总体符合论文写作要求，选题的应用性和实用性较差；

2.分析研究方法基本正确，运用部分专业基础理论和基础知识分析和解决问题时有个别错误；

3.论文观点结论基本正确，材料不够齐全规范，论证说服力较差，结构不完整，语句不够通顺，条理不够清楚，格式不够规范，缺少文字材料所必需的附件；

4.满足专业要求的文字材料写作篇幅，明显的文字错误较多，论文形式大部分符合要求，个别地方不符合要求。

（五）不及格（59分及以下）

1.不能按基本要求完成论文，选题陈旧，无实用性和研究价值、无可行性或偏离专业；

2.研究方法不正确，存在较明显的观点错误或观点不明，基本理论、知识运用错误；

3.材料不齐或虚假、数据不正确或伪造，论证无力或片面，漏洞明显，逻辑混乱，结构不完整，文字材料未能达到写作基本要求；

4.写作篇幅不达标，文字错误较多，论文形式不符合要求，排版格式不统一，不规范；

5.抄袭他人成果，论文查重率超过30%。

【思考与训练】

一、开放大学开放教育课程模块一般分为哪七个模块？

二、从市州开放大学的实际看，开放教育的具体学习形式有哪几种？

三、对开放大学学生（学员）来说，网上学习方式有哪些？

四、开放教育的形成性考核具有什么重要意义？

五、你认为，开放大学学生（学员）做好毕业作业，需要从哪些方面着眼着力？

第四章　考试篇

开放教育考试的目的在于督促学生（学员）重视日常学习、检验所学知识和技能的掌握程度。在开放教育的学习中，学生（学员）可以在加强日常学习的基础上，通过参加考试发现学习中的薄弱环节，有针对性地复习后参加下次考试，直至达到掌握所学知识和技能的目标。开放教育的课程考试由形成性考核和终结性考试两部分按比例组成。

第一节　形成性考核

形成性考核就是对学生（学员）学习过程的评价与考核，其成绩比例通常占课程综合成绩的20—100%。形成性考核有纸质形考和网络形考两种形式。

一、纸质形考

学生（学员）在开学两周后，到助学A辅导员（班主任，下同）处领取纸质作业本，根据学习进度来完成作业。学生（学员）完成作业后，分别在每年的6月底或12月底上交给助学辅导员，由相关的课程辅导教师进行评阅打分。

二、网络形考

学生（学员）按照教学文件规定要求，登录国家开放大学学习网www.ouchn.cn和湖南开放大学网络化考试平台zy.hnrti.com完成相关课程的网络作业。

注：形成性考核占课程综合成绩100%的课程，其形成性考核成绩即为课

程综合成绩，不再进行终结性考试。形成性考核占课程综合成绩100%以下的课程，其形成性考核成绩按百分比折算为课程综合成绩，同时还要进行终结性考试。

附：网络形考成绩管理流程

标题	网络形成性考核成绩管理流程及说明		
责任部门（岗位）		控制部门（岗位）	说　明

开始

省校
网考工程师 → 开通网上平台测试权限 ← 考试科长 ----开学后两周开通平台测试权限

分校考务人员 → 学生网上测试 ← 网考工程师 ----分校安排具体形考时间

清查学生测试完成情况

通知未测试学生

网上再测试

省校
网考工程师 → 关闭测试平台 -----每年6月底和12月底关闭平台

省校课程教师 → 阅卷评分 ----期末统考前一周完成阅卷评分工作

网考工程师 → 导入成绩 ← 考试科长

进入成绩合成 ← 处长助理 ----期末统考前一周完成阅卷评分工作

结束

部　门	开大教务处		编　号	
编制/日期	20　年　月　日	审核/日期		批准/日期

第二节　终结性考试

终结性考试就是我们常说的期末考试，是每学期期末学校组织的集中性考试。终结性考试全国统一考试时间、统一试卷、统一答案和评分标准。试卷启用前属于机密级国家秘密。

终结性考试一般有笔试和机考有两种手段。

一、笔试

（一）笔试时间

笔试一般安排在每年的1月中旬和7月中旬，考试时间安排为2天。考虑到开放教育学生（学员）主要是在职人员，为了不占用考生的工作时间，国家开放大学一般会将考试时间安排在星期六和星期日。

（二）笔试形式

笔试的考试形式分为开卷和闭卷两种形式。开卷考试时可以带与该课程考试相关的学习资料进入考场；闭卷考试时不可以带任何学习资料进入考场。每门课程的具体考试形式在考试通知单（准考证）上都明确的注明。

（三）笔试试卷

笔试科目的试卷由国家开放大学和湖南开放大学负责出题，全国或全省统一试卷，统一答案和评分标准。

二、机考

（一）机考时间

春季学期的机考一般安排在每年的5月下旬月至7月上旬，秋季学期的机考一般安排在每年的11月下旬月至来年的1月上旬。各考点可以在每学期规定的时间段内自行安排具体的考试时间。考虑到开放教育学生（学员）主要是在职人员，为了不占用考生的工作时间，学校一般会将考试安排在周末，而且会多批次安排。

（二）机考形式

机考的考试形式也分为开卷和闭卷两种形式。开卷考试时可以带与该课程考试相关的学习资料进入考场；闭卷考试时不可以带任何学习资料进入考场。每门课程的具体考试形式在考试通知单（准考证）上都明确的注明。机考试卷的所有答题都在电脑上完成，无手写环节。

（三）机考试卷

机考科目的试卷由国家开放大学和湖南开放大学负责提供试题库，每位考生的试卷由考试系统随机分配。每位考生的试题不会完全相同。

【链接】诚信考试　筑梦未来
——致全体考生的一封信

同学们：

马上就要期末考试了。经过一学期紧张而充实的学习，同学们一定学有所长，收获颇多，衷心祝愿所有同学能够考出好成绩！即将到来的期末考试，既是对教师教学效果的检验，也是对学生学习效果的考查，更是考生综合能力素质的全面展示。2015年11月1日《刑法修正案（九）》正式实施，将考试作弊纳入刑法，表明了国家严惩考试作弊，严肃考风考纪的态度和决心。为此，特向全体考生发出如下倡议：

一、做好迎考准备。首先，希望同学们能够以积极的心态迎考。考试都会使人紧张、有压力，适度的紧张有利于考生能力的充分发挥，但过分紧张会影响考试的正常发挥。为此，希望同学们能够做到紧张而不焦虑，以积极的心态迎接考试。其次，希望同学们能够利用最后这段时间做好复习，查遗补漏，特别是重点章节、知识点的复习。第三，保持良好的生活习惯。不熬夜，保证充沛的精力，不暴饮暴食，不吃生冷食物，讲究饮食卫生，保证身体健康。

二、诚信考试。"仁、义、礼、智、信"是做人的传统准则。诚信不仅是一种品行，更是一种责任；不仅是一种道义，更是一种担当；不仅是一种信誉，更是一种资源。诚信是一个正直的人应具备的基本品质，更是每个学习者所应遵守的准则。希望同学们能够在考试中身体力行，诚信参考，保证做到"三个不要"：不要有任何投机取巧的侥幸心理，不要有任何违反考试纪律和规定的行为，不要参加任何违反考试纪律的团伙或组织，做一个诚实守信的国家开放大学考生。

三、遵守考试纪律。没有规矩，不成方圆。国家开放大学（中央广播电视大学）在2005年就对考场纪律做出了明确规定，希望同学们能够在考前认真学习，并在考试时切实践行。考试时带好"三证"，特别是要尊重考务人员，接受考务人员对证件的检查，听从考务人员安排，服从监考人员的监督管理。考试时，做到不交头接耳、不左顾右盼、不传递物品、不打手势、不做暗号；不偷看、抄袭他人答卷或允许他人抄袭自己的答卷；不夹带，不舞弊。希望大家共同努力，创造良好的考试环境。

四、不替考。找人替考和代替他人考试都属于严重的违规违纪行为。《教育部关于修改<国家教育考试违规处理办法>的决定》和国家开放大学《全国统一考试考生考试违规处理办法》对替考有严格的处理规定。为此，希望同学们坚决杜绝替考行为，既不要在网上或者私下找人替考，也不要代替他人参加考试。国家开放大学采用的是滚动考试，每门课程每学期都会提供考试，本学期考试通不过，下学期还可以再考。可是如果找人替考，一经查实，违规者视情节轻重将会受到取消成绩、取消学位申请资格，甚至是开除学籍的处理。代价太大了，不值得。

五、管理好自己的手机。按照国家开放大学考场纪律相关规定，考试时是不允许考生将手机带入考场的。我们也考虑到，大多数考生是有工作、有家庭的学生，考点离家较远，有时会因工作或生活急需手机联系，为此，我们每个考点都为考生准备了手机袋等工具，请考生进入考场后，一定要将手机关闭并装入袋中，放到指定地点，考试时不得使用，更不得通过手机发布考场考试信息。考试期间发布考试信息，特别是试卷信息，属于严重扰乱考试秩序的行为，将会受到取消成绩的处罚，情节严重者将会被开除学籍，甚至承担法律责任。

国家兴盛，匹夫有责。国家开放大学的发展也与我们每名师生有关。作为开放大学的学生，我们有责任、有义务用我们的行动维护学校的声誉，为国家开放大学的发展贡献自己的一分力量。谢谢大家！祝愿各位考生在本次考试中取得好的成绩！

国家开放大学

2016年1月5日

第三节　考试纪律与违规处理办法

为加强国家开放大学考试管理，严肃考风考纪，规范对学生（学员）考试违规行为的认定与处理，维护考试的公平公正，保障学生（学员）合法权益，根据《中华人民共和国教育法》《国家教育考试违规处理办法》及相关法律、行政法规，国家开放大学制定了《国家开放大学学生考试纪律与违规处理办法》。其主要内容如下：

一、考试纪律

（一）考试开始前15分钟考生凭准考证（考试通知单）、学生证和有效身份证件（居民身份证、港澳台居民居住证、护照）进入规定考场对号入座，并将准考证（考试通知单）、学生证和有效身份证件放在考桌左上角，以便监考人员查验。无证或者证件不全的考生不得参加考试。

（二）考生考试时不允许携带各种通讯工具。

（三）参加闭卷考试的考生，除携带必要的文具外，不准携带其它物品。参加非闭考试的考生，除携带必要的文具和该考试科目允许的相关资料外，不准携带其他物品。已携带入场的其它物品应按要求存放在指定位置。

（四）考生领到试卷后，应首先检查试卷，如发现试卷不全、缺损、漏印、错印等情况，要举手向监考人员报告。

（五）考生答题前，应在试卷、答卷（含答题纸、答题卡等，下同）指定区域准确完整填写姓名、准考证号、学号、座位号等信息，字迹要工整清晰。禁止在试卷、答卷指定区域外填写学号、姓名等信息，或作其他标记。

（六）考试开始指令发出后，考生才能开始答题。

（七）考试开始30分钟后，考生停止进入考场。开考30分钟后考生方可交卷离开考场（有特殊要求的考试除外）。考生交卷后应立即离开，不得在考场附近逗留、交谈，不得再返回考场继续考试。

（八）考生答题时只允许使用同一种颜色（黑色或蓝色）字迹的钢笔、圆珠笔或签字笔作答，特殊要求的科目（如答题纸、作图等）按具体要求执行。

（九）考生不得询问试题题意，若发现试题字迹模糊或试题有误，可举手向监考人员询问，不准询问其他考生。

（十）考试期间考生应独立作答，不准擅自借用其他考生文具，不准旁窥、交头接耳、传递物品、打手势、做暗号，不准抄袭他人答卷或允许他人抄袭本人答卷，严禁夹带、换卷、替考以及其他违规行为。

（十一）考试期间考生原则上不允许上厕所，若遇特殊情况，须由工作人员陪同出入考场。

（十二）考试结束指令发出后，考生应立即停止答题，将答卷反扣在桌面上。待监考人员收齐试卷、答卷并确认无误后，考生按监考人员要求离开考场。严禁将试卷、答卷、草稿纸等考试用纸带出考场。

（十三）留考考生应服从考试工作人员的安排，不得与其他考生或人员接触。

（十四）考生应服从考试工作人员的管理，不得以任何理由拒绝、妨碍考试工作人员履行工作职责，不得扰乱考场秩序，不得恐吓、威胁、侮辱、诽谤、诬陷或者以其他方式侵害考试工作人员及其他考生的人身安全和合法权益。

二、违规行为的认定

（一）考生不遵守考试纪律，不服从考试工作人员的安排与要求，有下列行为之一的，应当认定为违纪：

1.考试时携带规定以外的物品或者未将其放在指定位置；

2.未在规定的座位进行考试；

3.考试开始信号发出前答题或者考试结束信号发出后继续答题；

4.考试过程中旁窥、交头接耳、打手势或做暗号；

5.在考场或考试管理部门禁止的范围内，喧哗、吸烟或者实施其他影响考试秩序行为；

6.使用规定以外的纸笔答题、在试卷答卷指定区域以外书写姓名、准考证号、学号或者以其他方式在答卷上标记信息；

7.考试过程中擅自进入或离开考场；

8.留考期间未经考试工作人员允许与其他考生或人员接触；

9.参加计算机考试期间擅自使用优盘、移动硬盘等外接设备；

10.其他违反考试纪律但尚未构成作弊的行为。

（二）考生违背考试公平、公正原则，在考试过程中有下列行为之一的，应当认定为作弊：

1.违反规定携带与考试内容相关的材料或者存储有与考试内容相关资料的电子设备参加考试；

2.抄袭或者协助他人抄袭；

3.抢夺、窃取他人试卷、答卷或者胁迫他人为自己抄袭提供方便；

4.携带具有发送或者接收信息功能的通讯工具和设备；

5.故意破坏、销毁试卷、答卷或考试材料；

6.在答卷上填写与本人身份不符的姓名、准考证号、学号等信息；

7.传、接物品或者交换试卷、答卷、草稿纸；

8.其他以不正当手段获得或者试图获得试题答案、考试成绩的行为。

（三）考试期间或者考试结束后发现考生有下列行为之一的，应当认定相关考生实施了考试作弊行为，也认定为作弊：

1.通过伪造证件、证明、档案及其他材料获得考试资格、免试资格和考试成绩；

2.试卷评阅过程中答卷被认定为答案雷同；

3.形成性考核被认定为答案雷同；

4.将试卷、答卷、草稿纸等考试用纸带出考场；

5.考试工作人员协助实施作弊行为；

6.其他应认定为作弊的行为。

（四）考试期间或者考试结束后发现考生有下列行为之一的，应当认定为替考：

1.由他人代替参加考试；

2.代替考生参加考试；

3.试卷评阅过程中答卷被认定为笔迹相同；

4.形成性考核由他人代做或笔迹相同;

5.未参加考试以不正当手段获得成绩;

6.其他应认定为替考的行为。

(五)考生有下列行为之一的,应当认定为扰乱考试秩序:

1.考前窃取考试试题、答案或将计算机考试试题拷贝带出考场;

2.故意扰乱考点、考场、试卷评阅场所等考试工作场所秩序;

3.拒绝、妨碍考试工作人员履行管理职责;

4.恐吓、威胁、侮辱、诽谤、诬陷或者以其他方式侵害考试工作人员及其他考生人身安全和合法权益的行为;

5.故意损坏考场设施设备;

6.其他扰乱考试管理秩序的行为。

三、违规行为的处理

(一)被认定为"违纪"的,取消涉事考生该科目考试成绩。在涉事考生成绩档案中该科目记录"违纪"。

(二)被认定为"作弊"的,取消涉事考生该科目考试成绩,取消学士学位申请资格。情节较重的,同时取消涉事考生当次报考各科目考试成绩。在涉事考生成绩档案中该科目记录"作弊"。

有下列情形之一的,同时给予涉事考生停考一学年、严重警告及以上纪律处分,并在办学组织体系内通报批评;情节特别严重的,可同时取消涉事考生学习期间所有成绩或开除学籍。

1.组织、参与团伙作弊;

2.考试过程中使用通讯工具向考场外发送、传递试题信息;

3.考试过程中使用通讯工具接收信息。

有下列情形之一的,取消涉事考场或考点全体考生成绩,其中有下列前两条情形之一的,同时对涉事考生按"作弊"进行处理:

1.考场纪律混乱,考试秩序失控,出现大面积考试作弊现象;

2.经鉴定"雷同"答卷超过该考场实际答卷数三分之一;

3.在考点以外的场所参加考试;

4.在非规定时间内参加考试。

（三）被认定为"替考"的，取消涉事考生当次报考各科目考试成绩，停考一学年，取消学士学位申请资格，给予留校察看及以上纪律处分，并在办学组织体系内通报批评。在涉事考生成绩档案中该科目记录"替考"。替考两次及以上的，同时取消涉事考生学习期间所有成绩或开除学籍。

（四）被认定为"扰乱考试秩序"的，终止涉事考生本科目考试，取消其当次报考各科目考试成绩，取消学士学位申请资格，给予留校察看及以上纪律处分。在涉事考生成绩档案中该科目记录"扰乱考试秩序"。考生行为违反《中华人民共和国治安管理处罚法》的，由公安机关进行处理，构成犯罪的，由司法机关依法追究刑事责任。

（五）考生以违规行为获得的考试成绩并由此取得的学历证书、学位证书无效，总部收回证书并撤销学历。

第四节　免修免考

一、免修免考的理由

如果学生（学员）在参加开放教育学习之前或者参加开放教育学习的过程中，学习了不低于现在所学学历层次的课程，且成绩合格，可以向教学点申请免修开放教育的相关课程。

作为申请免修理由的替代课程，其专业层次、教学内容、教学要求和学分值应不低于被替代课程的专业层次、教学内容、教学要求和学分值，替代后成绩按"合格"记载，学分按现修专业中被替代课程规定的学分记载。

二、免修免考的替代方法

开放教育各专业的必修课总学分中，允许免修的学分上限与替代课程的类型有关，具体的替代方法也有所不同，具体规定如表所示。

各教育类型可替代开放教育课程总学分比例一览表

课程类型	替代必修总学分比例	替代方法
国开课程（含注册生）	100%	免修免考
国家自学考试课程	40%	免修免考
合作高等学校课程	100%	免修免考
其他高等学校课程	50%	免修不免考

需要提醒的是，免修免考可以帮学生（学员）节省一定的时间和费用，但学生（学员）要及时申请，认真填写申请表格，并提交相关的证明材料。

关于免修免考的具体规定可以查阅开放教育免修免考管理办法，到所属市州开大（教学点）办理相关手续。

【思考与训练】

一、什么叫"形成性考试"？它由哪两部分构成？

二、什么叫"终结性考试"？它由哪三部分构成？

三、你怎么看待学生（学员）考试违纪违规现象？如果你考试违纪违规并受到开放大学的处理，应当怎么办？

四、开放大学的免修免考应当有什么理由？有关手续应当如何办理？

第五章　毕业篇

国家开放大学的毕业文凭国家认可，毕业证书可上中国高等教育学生信息网查询。

第一节　毕业学分要求

一、学生（学员）毕业的基本要求

学分制是把规定的毕业最低总学分作为衡量学生学习量和毕业标准的一种教学管理制度。开放大学学生（学员）只要在规定的修业年限内学完专业教学计划中规定的课程，完成必要的教学环节，达到各专业毕业最低总学分、各模块毕业最低学分和各模块最低国家开放大学考试学分的要求，就可以毕业。

一、学生（学员）毕业的学分要求

虽然不同的专业有不同的专业规则要求，但是所有专业的毕业学分要求都必须满足以下7个条件：

（一）每个模块的国开必修课必须考试及格；

（二）必须获得每个模块的国开最低学分；

（三）累计学分必须达到国开毕业学分要求；

（四）每个模块的省开必修课必须考试及格；

（五）每个模块的总学分必须达到模块最低毕业学分；

（六）总学分必须达到毕业的最低学分；

（七）须考补修课的学生（学员）必须通过补修课考试。

第二节　毕业生图像信息采集

根据教育部和国家开放大学的相关规定，未按时完成毕业生图像信息采集的学生（学员）将无法通过毕业审核终审。为了及时采集毕业生图像信息，确保学生（学员）顺利毕业，岳阳开放大学每学期都会组织学生（学员）参加毕业生图像信息采集。

一、毕业生图像信息采集形式

毕业生图像信息采集有集中采集和个人补拍两张形式。集中采集是由学校安排采集时间，组织学生（学员）集中到某一个场所完成毕业生图像信息采集。集中采集的时间和场所可由全市各县区教学点根据实际情况来指定。学生（学员）在获得正式学籍后第二学期就可以参加图像信息采集，因此每个学生（学员）在毕业前均有四次参加集中采集的机会。参加集中采集须提供身份证原件和毕业生图像信息采集通知（样式见附件）。因个人原因不能参加集中采集的学生（学员），可以就近在中国图片社各分社参加补怕，或者通过大学生图像信息采集网（www.xinhuacu.com）在线提交上传。

二、毕业生图像信息采集时间要求

毕业生图像信息的采集必须在毕业前完成，如果某学生（学员）在进行毕业审核时仍无合格的图像信息，那么该生将会延期毕业。根据历年情况，如果要避免因无合格图像信息而延误毕业，那么在籍生完成图像信息采集的最后时间：春季入学的学生（学员），必须在第五学期的5月份前完成；秋季入学的学生（学员），必须在第五学期的11月份前完成。

三、毕业生图像信息采集规范格式

毕业生图像信息有严格的格式规范，不符合格式要求的图像信息是无效的。每位学生（学员）在进行毕业生图像信息采集的时候必须严格遵照规范格式。规范格式如下：

附：2020年秋季学期毕业生图像信息采集通知单

高校名称	国家开放大学（51161）		教学点		拍摄序号	
学号			班号		民族	
姓名			性别		层次类型	
专业名称			身份证			
拍摄日期		拍摄时间			拍摄地点	
10月24日		11：00–12：00			岳阳开大407办公室	

拍摄须知

1.凭此通知单和身份证原件参加拍摄。拍摄前须刷身份证。

2.请认真核对个人信息，如有错误，立即告诉班主任，按要求提供修改材料。

3.须在规定的时间段内到校参加拍摄，早到或迟到的请到候拍室等待工作人员安排。

4.如遇到拍摄队伍过长，请耐心等候。

5.进入拍摄教室后必须保持好前后顺序，工作人员会按顺序收回拍摄通知单。

6.不披头发，不戴耳环，眉毛和耳朵不能被遮盖，不穿蓝色外衣（因为是蓝色背景），尽量穿白色或浅色系衣服。

7.孕妇请跟工作人员联系，可以优先拍摄。其他急需优先拍摄的，请提供相关证明。

第三节　毕业信息核对确认

毕业信息核对是进行毕业审核前的一项重要工作，每个学生（学员）和相关工作人员务必高度重视。

一、毕业信息核对确认的意义

由于招生报名时的信息录入为纯手工操作，因此避免不了会有信息录入错误；同时，还有学生（学员）在获得学籍后个人原因修改了身份证信息。对于这些情况，如果不提前进行毕业信息的核对和修改，那么就会出现毕业证的个人信息与身份证信息不一致的问题，将会严重影响毕业证书的使用。因此，在毕业审核前先进行学生（学员）毕业信息的核对和确认具有重要意义。

在进行毕业信息核对的同时，学生（学员）还可以决定是否申请学士学位。这样也避免了因学生（学员）不知情，而错过了学士学位申请。

二、毕业信息核对确认工作安排

学生（学员）毕业信息核对一般要在每期进行毕业审核前一个月完成，春季学期的学生（学员）毕业信息核对需要在5月份完成，秋季学期的学生（学员）毕业信息核对需要在11月份完成。学生（学员）毕业信息核对的内容主要有姓名、性别、民族、身份证号、学习形式、专业名称、专业层次、办证照片，同时还决定是否申请学士学位。

附：岳阳开放大学毕业生信息确认表

岳阳开放大学毕业生信息确认表

学号		班号		教学点		暂无办证照片
姓名		性别		民族		
身份证号				学习形式		
专业名称				专业层次		

本人承诺：

一、本人已认真核对各项基本信息（包括姓名、性别、民族、身份证号、学习形式、专业名称、专业层次、办证照片），如果在2021年1月4日前未向学校反馈信息有误，那么视为本人各项信息准确无误，由此产生的后果由本人负责，与校方无关。

二、本人知道本科层次的专业可以申请学士学位，如果在2021年1月4日前未向学校提交学士学位申请，那么视为本人自愿放弃学士学位的申请。

第四节　毕业生建档

国家开放大学的毕业生档案由三部分组成：学生（学员）报名登记表、毕业生成绩单、毕业生登记表。

一、毕业生建档条件

凡是在开放大学（含原广播电视大学）已获得正式学籍满两年、已修满的最低毕业学分要求的学生（学员），均可填写《毕业生登记表》。《毕业生登记表》在各分校（教学点）助学辅导员处领取。

注：《学生报名登记表》在学生报名就读时已填写，《毕业生成绩单》由市州开大教务处统一打印。

二、毕业生登记表填写要求

《毕业生登记表》要放入学生（学员）档案长期保留。要求毕业生在助学辅导员指导下如实填写每一个栏目，填写时一律用钢笔或签字笔，字迹工整清晰。

附：《毕业生登记表》样表

1360005

中央广播电视大学
毕业生登记表

姓　名_____

学　号_____

中央广播电视大学制

填 表 说 明

1.毕业生须如实填写本表，填写时一律用钢笔或签字笔，字迹清楚。

2.表内所列栏目，须全部填写，不留空白；标有"*"的栏目，若无内容，填写"无"。

3.无身份证号的军人、外籍学生在"身份证号"一栏填写军官证、士兵证、护照等有效证件名称及号码。

4."学生类别"指开放教育本科、专科、课程开放专科等。

5."学历层次"指专科、专科起点本科或高中起点本科等。

6."主要学习经历"自高中（或相当于高中）阶段依时间顺序填写。

7."省级电大"指省、自治区、直辖市、计划单列市、独立设置的广播电视大学及中央电大直属学院、八一学院、总参学院、西藏学院、残疾人教育学院。

8."教学点"指省级电大直属教学点、地市级电大直属教学点、县级电大教学点、合作办学单位教学点。

9.本表放入学生档案、长期保留。

姓　名		曾用名*		照　片 正面免冠 两寸彩色
性　别		民　族		
身份证号				
政治面貌		学生类别		
学历层次		学习专业		
入学时间	年　　季	毕业时间	201　　年□1月/□7月	
电子注册号（注册证号）		51161520.............................		
工作单位*		单位电话*		
手　机*		家庭电话*		
E-mail*				

	主　要　学　习　经　历
自何年何月起 至何年何月止	在何地、何校学习

自 我 鉴 定

毕业实习单位及主要内容	
毕业论文或毕业设计题目	
在校期间受过何种奖励和处分*	

第五节　学位申请

一、学位申请的理由

对于每一个本科专业，国家开放大学都制定有学士学位授予工作实施细则，符合规定条件的学生（学员），均可在规定时间内申请学士学位。

二、学位申请的条件

开放教育本科（专科起点）专业申请学位授予条件：

（一）拥护中国共产党的领导，坚持四项基本原则，热爱社会主义祖国，愿意为社会主义建设事业服务，遵纪守法，具有良好的思想品质和道德修养。

（二）完成本专业教学计划规定的学习内容，修满规定的学分，经审核准予毕业，并且课程成绩达到授予学位的要求，其中必修课程平均成绩要求达到75分以上，选修课程平均成绩要达到70分以上。

（三）独立完成毕业论文并通过答辩，成绩在良好及以上。

（四）通过规定的学位外语考试，成绩合格。

（五）学位论文指南考试：申请学位的学生（学员）需通过学位论文指南考试。报考手续在各市州开大（教学点）助学辅导员处办理。

（六）学位申请审核：在授予学位前，学生（学员）的学位申请要经过审核。审核的内容主要包括学位申报条件审核、学位材料审核等。

附：《学位证书》样本

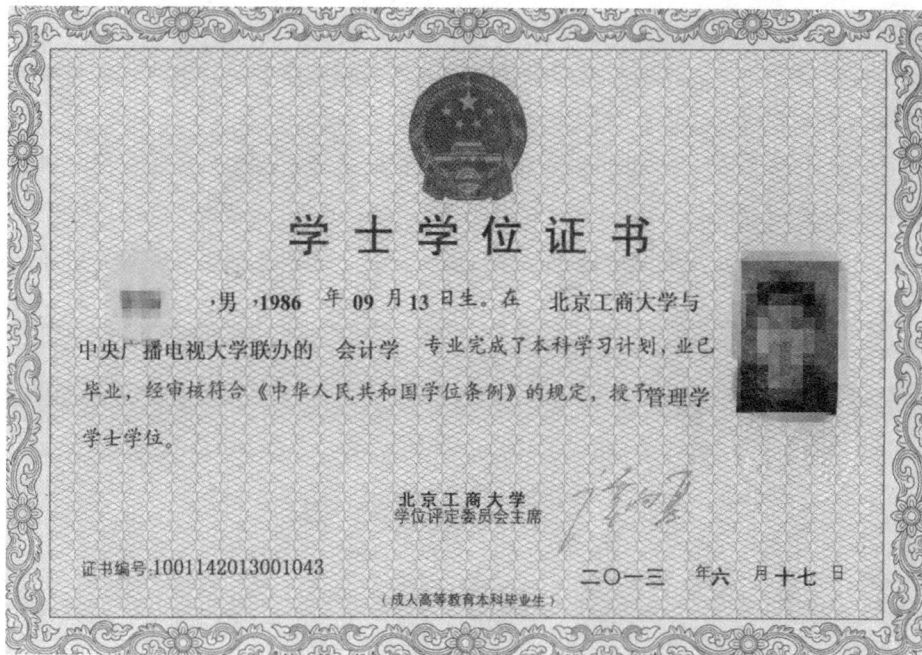

学 士 学 位 证 书

，男，1986 年 09 月 13 日生。在 北京工商大学与中央广播电视大学联办的 会计学 专业完成了本科学习计划，业已毕业，经审核符合《中华人民共和国学位条例》的规定，授予管理学学士学位。

北京工商大学
学位评定委员会主席

证书编号:1001142013001043

二〇一三 年六月十七 日

（成人高等教育本科毕业生）

第六节 毕业证明书

根据国家教育部学历证书管理规定，开放大学学生（学员）毕业证书或学位证书遗失的不再补发，但可申请办理毕业证明书，证明书与原证书具有同等效力。

一、毕业证明书由国家开放大学出具

学生（学员）办理毕业证明书须向毕业时学籍所在教学点提出申请，并填写"国家开放大学办理毕业证明书审批表"。

二、办理毕业证明书的一般程序

（一）由市州开大到省开教务处学籍管理部门领取申请补办毕业证明书的

统一表格。

（二）由各市州开大（教学点）将学生（学员）本人近期二寸免冠彩色照片、身份证复印件以及由毕业时就读教学点盖章和领导签字的申请补具毕业证明书的表格等材料送省开学籍管理部门核实、盖章。

（三）将盖有省开印章的申请补办毕业证明书的表格及附件寄往国家开放大学学籍管理部门。

（四）国家开放大学学籍管理部门审核后，出具毕业证明书并邮寄给学生（学员）本人。

【思考与训练】

一、一般来说，开放大学学生（学员）毕业，应该达到怎样的学分要求？本科毕业与专科毕业的学分要求有什么不同？

二、开放大学学生（学员）毕业证办理，应当具备怎样的毕业条件？春季毕业生与秋季毕业生最后上交申请表时间分别是哪一天？

三、国家开放大学的毕业生档案由哪三部分组成？

四、什么层次的开放大学学生（学员）才能申请学位、参加学位英语考试？申请学位授予的基本条件有哪些？

五、毕业证明书与学位证明书各由谁出具？办理毕业证明书一般要经过哪些程序？

第六章　答疑篇

　　学生（学员）在开放大学学习过程中，会遇到这样或那样的问题，产生这样或那样的疑问和困难。本章将针对学生（学员）在学习过程经常遇到的一些疑难问题，分别予以解答。

第一节　学生（学员）登陆国开网常见问题答疑

一、为什么不能登录？

回答：建议用火狐，谷歌，极速360浏览器。

二、用了上述浏览器，为什么还不能登录？

回答：有可能是平台密码错误。原始密码是八位数生日号码，建议不要修改密码，如已修改，且遗忘，请告知班主任进行密码重置。

三、为什么学生（学员）发不了贴？

回答：学生（学员）没有分班。
操作步骤：
1.教学点负责人以管理员身份登陆国家开放大学学习网；
2.在课程列表对学生（学员）进行分班即可。

四、国开课程某些章节无法进入测验（如图所示）

502 Bad Gateway

nginx/1.10.1

回答：国开平台服务器出现问题。

操作步骤：联系班主任，由市校管理员报省开相关技术人员进行调试即可。

五、国开平台某门课程无法进入（如图所示）

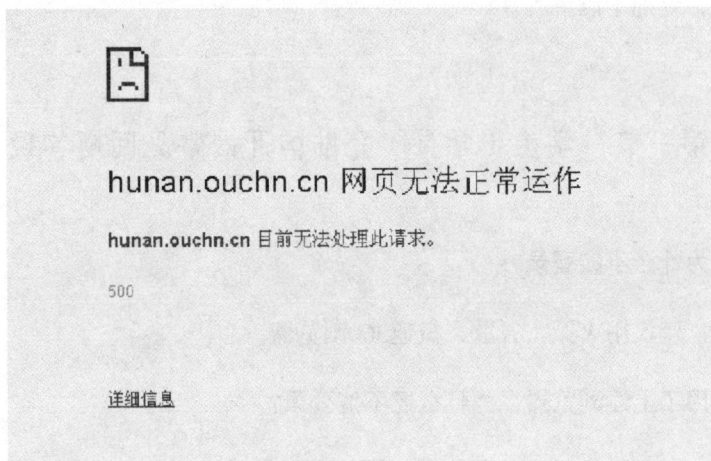

hunan.ouchn.cn 网页无法正常运作

hunan.ouchn.cn 目前无法处理此请求。

500

详细信息

回答：国开平台服务器出现问题。

操作步骤：联系班主任，由分校管理员报省校相关技术人员进行调试即可。

六、平台上在学课程里所有课程都要完成形考作业吗?

回答：不是。具体请按照每个学期（上学期5月中旬，下学期11月中旬）市开教务下发的"在线考试通知单"。"在线考试通知单"里面的课程是必须要完成形考作业。

七、形考作业里面的任务都必须完成吗?

回答：不是。根据每门课程的形考要求来，里面标记的很清晰。比如行政管理专科的《社会调查研究与方法》，行政管理本科的《西方行政学说》和专科的《计算机应用基础》。现以《计算机应用基础》为例：该门课程的作业三就是三选一，即在模块3、模块4、模块5中选一个来按成即可（如下图所示）。

同样该门课程的实训也是如此：

实训一

🖊 实训项目一 操作系统和网络应用　　　　　　　　　　　✅

实训二

🖊 实训项目二 Word 综合应用　　　　　　　　　　　　✅

实训三（二选一即可）

🖊 实训项目三 Excel 综合应用　　　　　　　　　　　　✅

🖊 实训项目四 PowerPoint 综合应用　　　　　　　　　　○

八、针对上题的形考任务，多做少做有影响吗？

回答：少做有影响，在选择的时候必须要选一个来完成。多做没有影响。但是也不会加分。

九、形考作业中的发帖和学习活动都必须完成吗？

回答：是。发帖和学习活动是形考作业中的一项，占了形考作业的分值，必须完成。

比如专科中工商管理，会计、市场营销、电子商务等专业的《经济数学基础》的学习活动就必须完成。如下图所示：

上图中，两次学习活动，各占了形考总分的10%。

十、每门课程都是需要完成形考作业吗?

回答：会计专科专业课程除外，其他的是。

十一、会计专科专业课程有哪些?

回答：会计专科专业课程《基础会计》《管理会计》《成本会计》《中级财务会计一》，《中级财务会计二》《电算化会计》《会计核算模拟实验》等。

十二、形考作业一般有几次?

回答：大部分是4次，课程不同，次数不同。因课程而异。

十三、形考作业中每次作业有无次数规定？

回答：有，进入作业以后首先会看到允许答题次数，有的课程允许答题3次，有的课程2次，有的仅仅1次，有的可以反复做，没有规定次数。因课程而异。

十四、形考作业的截止时间一样吗？

回答：绝大部分一样。

十五、为什么形考作业截止时间不一样？

回答：因为每个学期的课程有国开统设课程和省开课程。
国开统设课程的截止时间一般为上学期6月底，下学期12月底。
省开课程的截止时间一般为期末考试结束前。

十六、为什么有的课程形考作业分了两个时间段？

回答：这样的课程是100%的网上考试，即网上的作业分就是该门课程的成绩，所以分了形考作业和网络化终考两种形式，形考和终考的开始时间不一样，截止时间一样。

课程讨论区
请大家围绕主题进行畅所欲言！

本学期课程讨论
第一次形考
第二次形考
第三次形考
网络化终考

十七、直播课必须实时收看吗？

回答：尽量实时收看。特殊原因不能实时收看可以回放。回放步骤：登录——通知公告——再做相应的选择。

通知公告

国家开放大学"百校名师进国开"——新时代英语教学改革与教师队伍建设

国家开放大学"百校名师进国开"——中国护理教育发展现状和未来趋势开讲

国家开放大学新冠疫情防控学生先进个人拟表彰人员名单的公示

2020秋季学期网上教学（教研）活动、直播公开课安排表

（2020.12.26-12.31）网上教学（教研）活动、直播公开课安排表

壹书壹课 | 光辉岁月●Day 2

更多>

十八、直播课是哪里的老师授课？

回答：直播课主要是国家开放大学的老师授课。

十九、直播课内容大致是什么？有期末复习指导吗？

回答：直播课内容大致是该门课程的导学，每章的重点、难点。期末的时候有针对性的期末复习指导。

二十、直播课一次时长多久？

回答：直播课一次时长大约25分钟。

第二节 教师评阅常见问题答疑

一、怎样申请课程辅导老师？

回答：解决步骤如下：

1.在国开平台管理员页面选择"教师管理",点击"申报课程辅导教师"。

2.选择需要申请课程辅导教师的课程,如果在未分辅导教师课程如无找到相关课程,则需要点击已分辅导教师课程选项卡里寻找,录入关键字(相关课程名称或课程编号),在相关课程后点击"申请"按钮。

3.在可申请辅导教师选项卡里的课程辅导教师编号前打勾后,点击"申请"按钮即可。

二、为什么课程辅导教师无法登陆国家开放大学学习网?

回答:课程辅导教师的用户名或密码错误。解决步骤如下:

1.以市州开大管理员身份登陆,进入国开网管理页面,点击"教师管理"下的"本部教师管理。

2.如果已经申请课程辅导教师仍然无法登陆,则需在相关课程辅导教师后面的操作列点击"修改"。

3.在修改页面重新输入密码及确认密码，然后点击"保存"按钮即可。

4.如果没有申请该课程辅导教师，则点击"新建"按钮。

5.录入课程辅导教师相关信息，点击保存即可。

课程编号：03595		课程名称：C语言程序设计	

可申请辅导教师	待审核辅导教师	已分辅导教师	申请记录

关键字：教师姓名 / 教师编号 　　　　　查找

		教师编号	教师
①	▣	430060120150003	陈方
	▣	44574	陈劲松
	▣	430060120160006	陈末
	▣	430060120150002	陈艳芳
	▣	138042	陈益
	▣	16113	谌国斌

② 申请　返回

三、教师无法评阅相关课程的形考作业怎么办?

回答：没有给相关教师申报课程辅导教师，或者没有在相应班级进行辅导教师设置。解决步骤如下：

1.先给相关教师申报该课程的课程辅导教师。

（1）在国开平台管理员页面选择"教师管理"，点击"申报课程辅导教师"。

（2）选择需要申请课程辅导教师的课程，如果在未分辅导教师课程如无找到相关课程，则需要点击已分辅导教师课程选项卡里寻找，录入关键字（相关课程名称或课程编号），在相关课程后点击"申请"按钮。

（3）在可申请辅导教师选项卡里的课程辅导教师编号前打勾后，点击"申请"即可。

2.点击"班级管理",选择"课程班级列表"。

3.在"课程班级列表"选择相关课程,点击"班级管理"。

4.在相关班级后点击"辅导教师设置"。

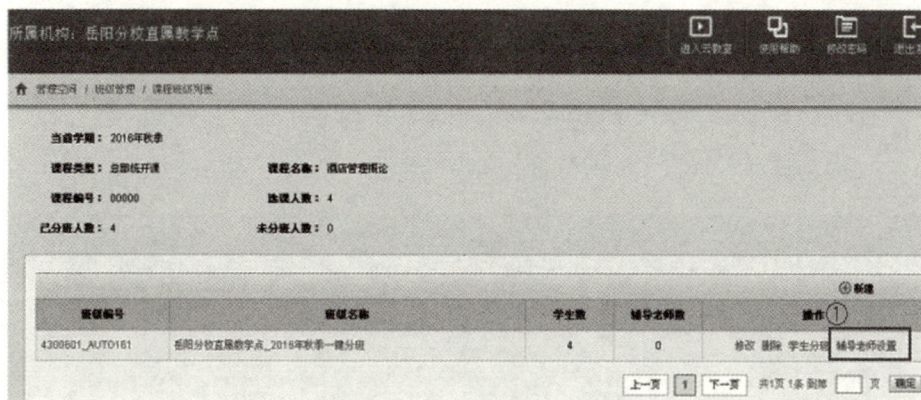

5.在辅导教师设置界面，点击"未分配"选项卡，然后在相关教师前打勾，点击"分配"即可。

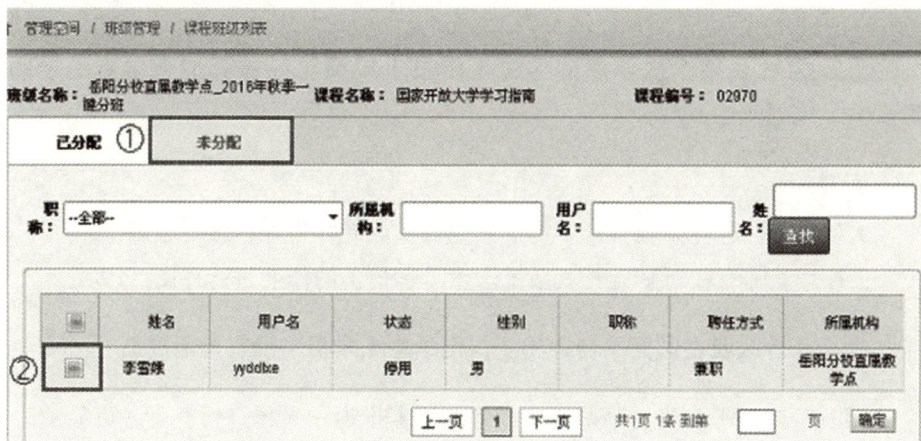

四、为什么评阅某些课程时看到的学生（学员）不止是我们的学生
（学员）？

回答：

1.老师对学生（学员）进行分班时误选或多选了其他学生（学员）。

2.因为该课程进行了一键分班，所有的学生（学员）都在一个班级里。

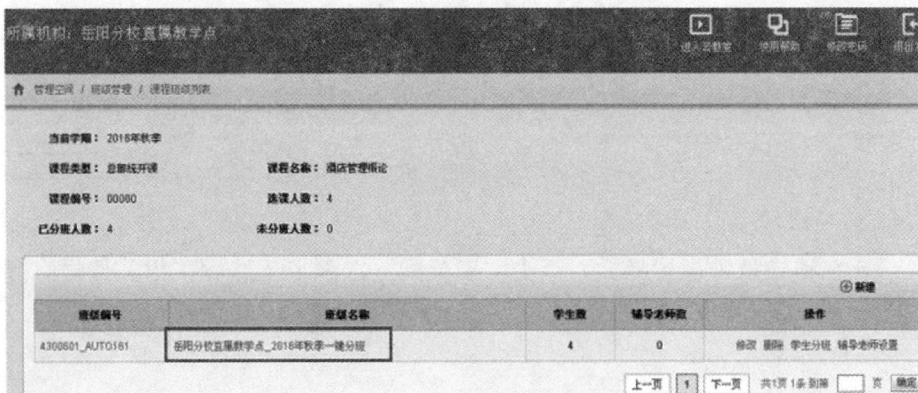

五、为什么某个教学点的学生（学员）成绩已经被其他教学点的老师
评阅？

回答：

1.对该课程进行分班时，申请了其他教学点老师为课程辅导教师。

2.省开老师有权对全省开大系统学生（学员）的作业进行评阅。

六、为什么我在国开平台评阅了，但学生（学员）没有显示成绩？

回答：国开平台进行某些设置或评阅后需推迟一天再进行查看才可显示。

七、为什么对学生（学员）分班时未分班人数里面看不到我们的学生
（学员）？

回答：这是因为：

1.该学生（学员）已经分班。

2.该学生（学员）没有进行选课。

3.该学生（学员）没有被分到正确的教学点。

解决步骤：

1.如果该学生（学员）已经分班，则以管理员身份登陆——点击班级管理——课程班级列表——班级管理。

2.在已存在所有班级的"本班人数"里进行查找。

3.如果该学生（学员）没有选课（一般上期未通过考核的科目），则需要进行以下步骤进行选课：

（1）教学点负责人以管理员身份登陆国家开放大学学习网。

（2）点击"管理监控"列表下的"学生选课情况"。

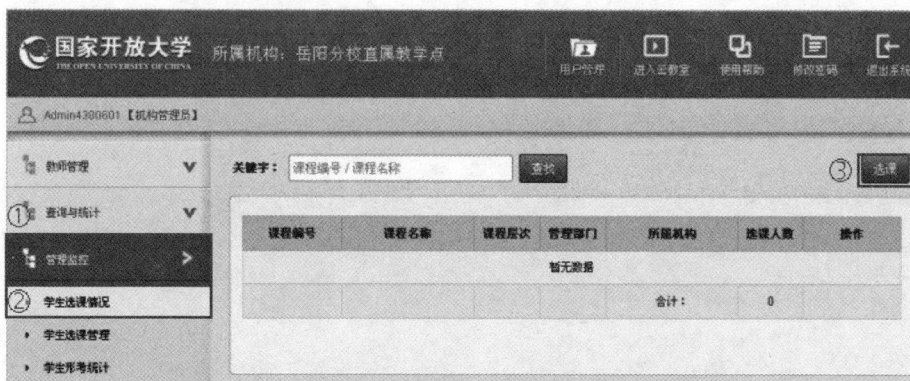

（3）点击平台右边的"选课"，如果没有下载过选课模板，则需要先点击"学生选课导入模板下载"。如果已经下载过选课模板，则只需要在模板里填写好学生的"学号"、"姓名"及"课程ID"。

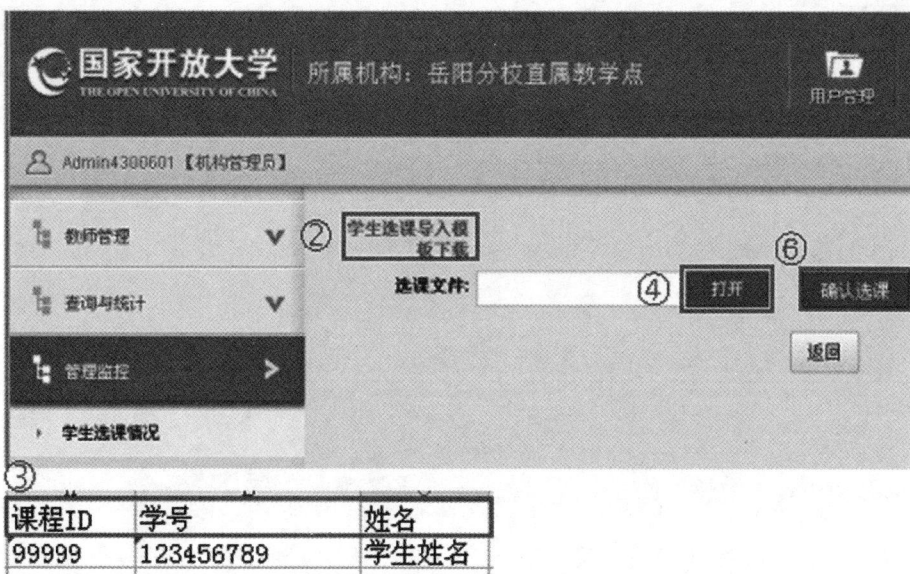

课程ID	学号	姓名
99999	123456789	学生姓名

（4）点击平台右边的"打开"按钮，选择"模板.xls"，点击打开即可。

八、国开平台用户名和密码忘记了怎么办?

回答：联系相关教学点管理人员，选择"教师管理"下的"本部教师管理"，在页面右边查找相关教师的名字，点击相关教师右边栏的修改，即可对该教师的登陆密码进行修改。解决步骤如下：

1.用管理身份进入国开平台管理空间。

2.点击右上角"用户管理"按钮，进入用户管理平台。

3.在用户管理平台的左边选择"基础数据管理"，点击"用户管理"。

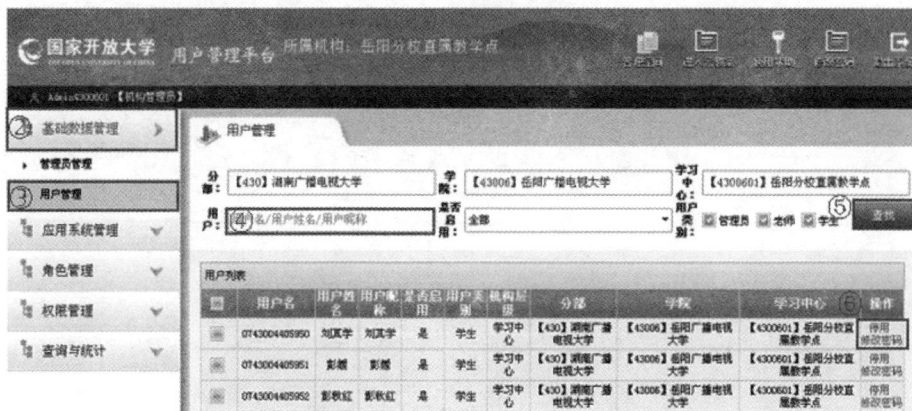

4.找到自己的帐号，选择"修改密码"。

九、教师怎样提升国开网在线活跃度？

回答：1.回复各课程论坛发贴。

2.评阅形成性考核作业。

3.观看国开网各类教学资源。

十、教师评阅时为什么看不到学生（学员）？

回答：教师在评阅时没有选择对应的分组。解决步骤如下：

进入评阅界面后，在分组小组栏选择相对应的小组即可。

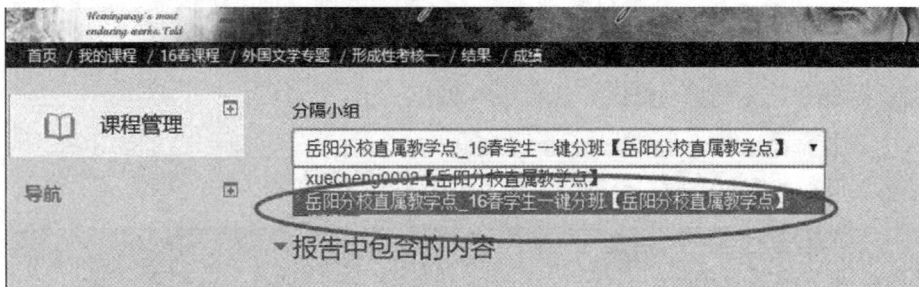

十一、有些课程学生（学员）可以做国开平台形考作业，但是在评阅界面显示"没有东西可显示"是怎么回事？

回答：有些课程的形考全都是主观题，系统会自动评分，不需要教师评分。

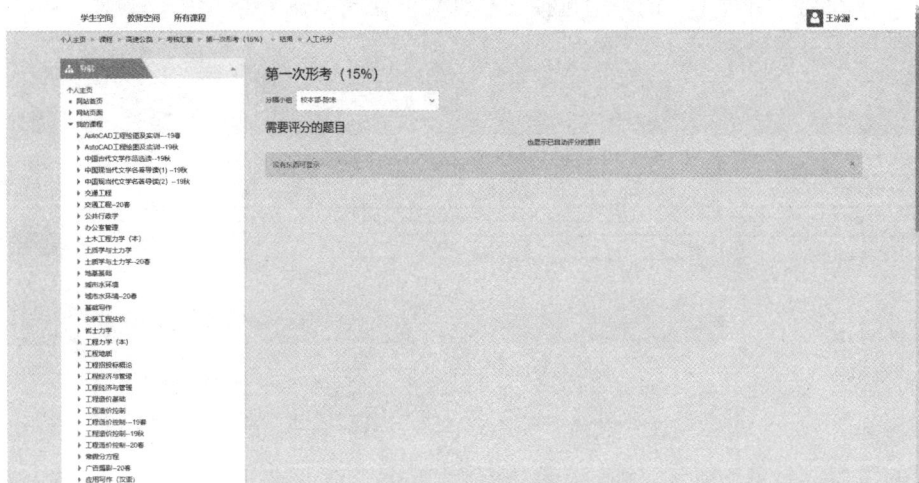

十二、讨论区进行评分时如何保存分数?

回答:直接在分数选项中选择想给的分数,然后点击"保存关闭"即可。

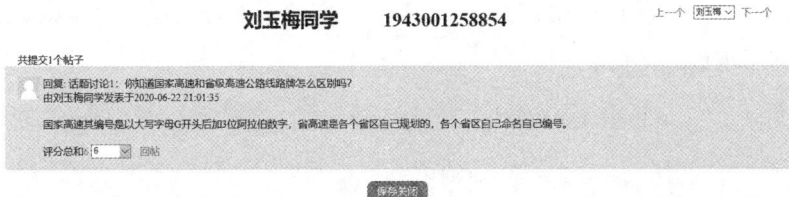

刘玉梅同学 **1943001258854**　　　上一个 刘玉梅∨ 下一个

共提交1个帖子

回复:话题讨论1:你知道国家高速和省级高速公路线路牌怎么区别吗?
由刘玉梅同学发表于2020-06-22 21:01:35
国家高速其编号是以大写字母G开头加3位阿拉伯数字,省高速是各个省区自己规划的,各个省区自己命名自己编号。

评分总和6 ∨ 回帖

保存关闭

十三、在国开平台某课程的讨论区,学生(学员)进行讨论时出现如下提示,无法发贴是什么回事?

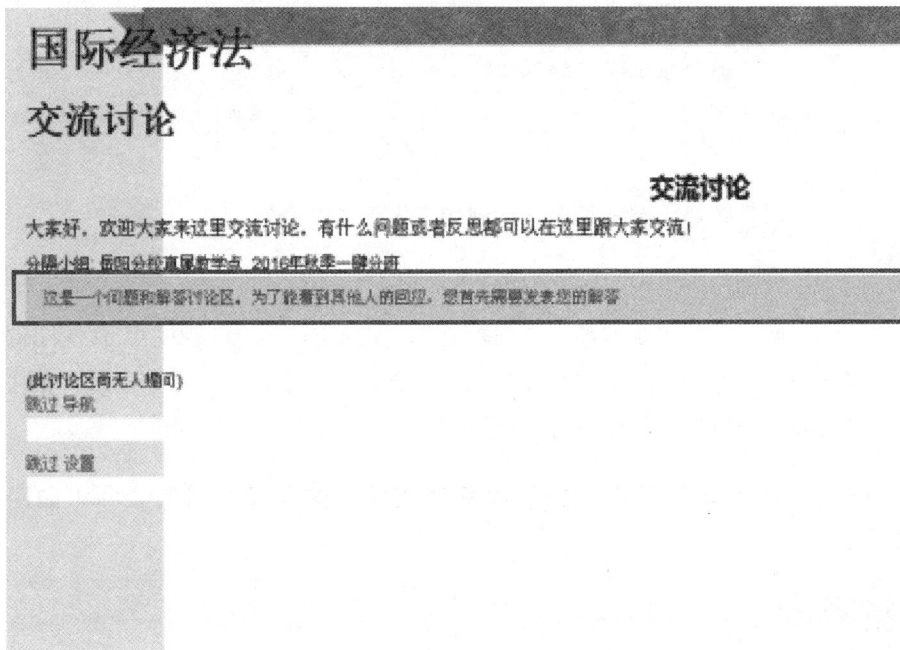

国际经济法

交流讨论

交流讨论

大家好,欢迎大家来这里交流讨论,有什么问题或者反思都可以在这里跟大家交流!

分隔小组 岳阳分校直属教学点 2016年秋季一体分班

这是一个问题和解答讨论区。为了能看到其他人的回应,您首先需要发表您的解答

(此讨论区尚无人增问)
跳过 导航

跳过 设置

回答:这是因为:

1.学生(学员)没有分班。

2.学生(学员)没有进入小组。

解决步骤如下：

1.首先，查看学生（学员）是否分班，如果没有分班，则先对学生（学员）进行分班。

2.如果已经分班，则以教师身份登陆，在通用模块设置里设置该学生（学员）的小组模式即可。

十四、以教师身份登陆平台后出现如下提示怎么办？

回答：教师权限出现问题。解决步骤如下：

若使用教师账号登录管理空间进行管理，提示用户没有权限，需要使用管理员账号在用户管理系统把教师账号添加至管理空间系统，再赋予权限，教师账号方可以管理员的身份登录管理空间。

十五、国开学习网申请辅导教师时某些无法课程找到怎么办（如图所示）？

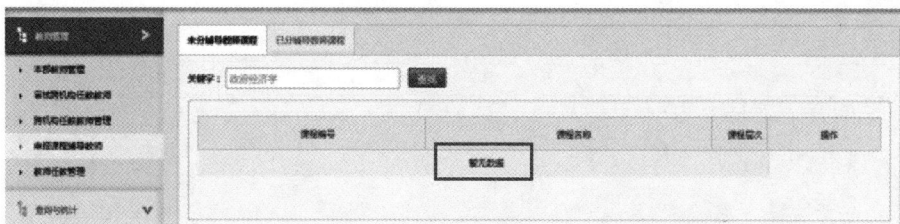

回答：这门课程在国开平台还没有开设出来。找省开管理员，请求将这门课程开设出来就能看到了。

十六、已经进行了分班操作，但评阅时分隔小组里看不到学生（学员），或者缺少某几个学生（学员）是怎么回事？

回答：因为在教师完成分班操作前，学生（学员）已经完成了形考作业，所以评阅时看不到这些学生（学员）。解决步骤如下：

1.以学生（学员）帐号登录国开网，进入该门课程。

2.重新点击"进入形考"，进入每一个形考任务页面，再将页面关闭即可。

十七、为什么讨论区有的帖子评阅后没有分数显示？

回答：因为该帖子是教师发帖，所以无法评分。

选择	姓名	学号	学习中心	发帖个数	最后提交时间	成绩	评阅	评阅人	最后评阅时间
☐	万家乐	2043001465066		1	2020-12-18 10:56:46	24.00	已评阅	王冰澜	2021-01-08 16:36:58
☐	万小兵	2043001465154		1	2020-11-24 14:22:09	25.00	已评阅	刘老师	2020-12-05 13:17:44
☐	万朔拓	2043001465151		1	2020-11-24 14:17:45	25.00	已评阅	刘老师	2020-12-05 13:17:34
☐	万飞黄	2043001465102		1	2020-12-01 14:27:29	24.00	已评阅	王冰澜	2021-01-08 16:37:05
☐	仇哲	2043001416557		1	2020-11-24 21:01:19	25.00	已评阅	刘老师	2020-12-05 13:01:10
☐	付亮正	2043001473053		1	2020-11-24 21:33:02	25.00	已评阅	刘老师	2020-12-05 13:03:01
☐	付巾珍	yyddkx2		1	2020-12-02 11:06:33	0.00	评阅		
☐	任武	2043001465049		1	2020-12-26 00:30:41	24.00	已评阅	王冰澜	2021-01-08 16:37:21
☐	任鸿初	2043001473094		1	2020-11-25 12:09:01	25.00	已评阅	刘老师	2020-12-05 13:14:18
☐	何军	2043001416554		1	2020-11-24 21:09:15	25.00	已评阅	刘老师	2020-12-05 13:04:08
☐	何安娜	2043001465206		1	2020-11-24 16:30:28	25.00	已评阅	刘老师	2020-12-05 13:03:57
☐	何猛	2043001464991		1	2020-12-29 17:06:43	23.00	已评阅	王冰澜	2021-01-08 16:37:26

十八、若形考任务显示"线下完成，需要教师评阅"，教师如何评阅？

回答：1.通知学生（学员）点击进入每个形考作业，并将作业打印出来手写完成。

2.教师收集评阅学生（学员）的纸质作业，评阅完毕后将分数报表交给市州开大教务处即可。

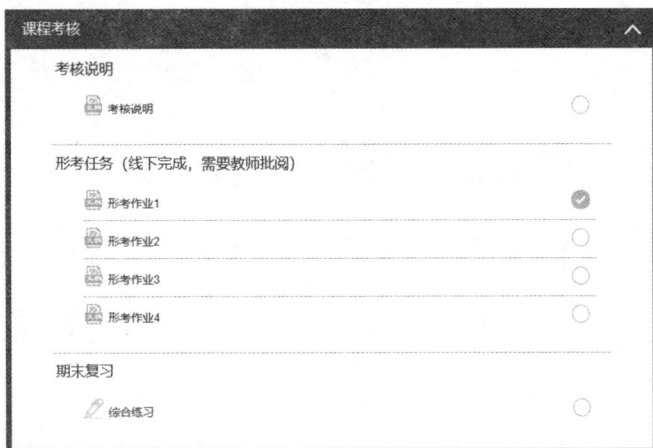

十九、评阅时学生（学员）提交作业显示"内容见附件"，但看不到附件，是怎么回事（如下图所示）？

季刚同学 1943001458377

上一个 | 季刚 ∨ | 下一个

共提交1个帖子

分析报告
由季刚同学发表于2020-11-02 11:18:19

内容详见附件

最高分：5 ∨ | 回帖

保存关闭

回答：附件在评阅界面未显示出来。解决步骤如下：

1.在形考任务界面不要点击"评阅"。

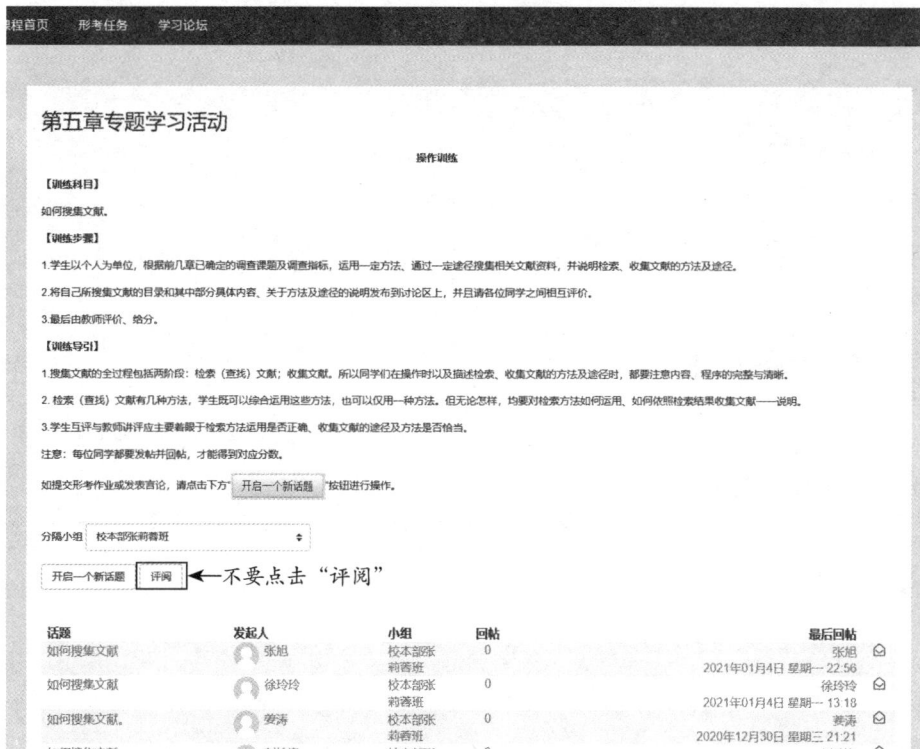

课程首页　形考任务　学习论坛

第五章专题学习活动

操作训练

【训练科目】

如何搜集文献。

【训练步骤】

1.学生以个人为单位，根据前几章已确定的调查课题及调查指标，运用一定方法、通过一定途径搜集相关文献资料，并说明检索、收集文献的方法及途径。

2.将自己所搜集文献的目录和其中部分具体内容、关于方法及途径的说明发布到讨论区上，并且请各位同学之间相互评价。

3.最后由教师评价、给分。

【训练导引】

1.搜集文献的全过程包括两阶段：检索（查找）文献；收集文献。所以同学们在操作时以及描述检索、收集文献的方法及途径时，都要注意内容、程序的完整与清晰。

2. 检索（查找）文献有几种方法，学生既可以综合运用这些方法，也可以仅用一种方法。但无论怎样，均要对检索方法如何运用、如何依据检索结果收集文献——说明。

3.学生互评与教师讲评应主要着眼于检索方法运用是否正确、收集文献的途径及方法是否恰当。

注意：每位同学都要发帖并回帖，才能得到对应分数。

如提交形考作业或发表言论，请点击下方" 开启一个新话题 "按钮进行操作。

分隔小组 | 校本部张莉蓉班 ⬍

| 开启一个新话题 | 评阅 | ←不要点击"评阅"

话题	发起人	小组	回帖		最后回帖
如何搜集文献	张旭	校本部张莉蓉班	0		张旭 2021年01月4日 星期一 22:56
如何搜集文献	徐玲玲	校本部张莉蓉班	0		徐玲玲 2021年01月4日 星期— 13:18
如何搜集文献.	姜涛	校本部莉蓉班	0		姜涛 2020年12月30日 星期三 21:21

2.从下方"发起人"一栏找到该学生(学员)名字,点击进入他的帖子。

如何搜集文献.	王成果	校本部张莉蓉班	0	王成果 2020年12月7日 星期一 20:34
如何搜集文献	陈敏华	校本部张莉蓉班	0	陈敏华 2020年12月7日 星期一 15:59
如何收集文献.	刘照春	校本部张莉蓉班	0	刘照春 2020年12月2日 星期三 10:00
如何搜集文献.	唐海燕	校本部张莉蓉班	0	唐海燕 2020年12月1日 星期二 11:35
如何搜集文献	丁永强	校本部张莉蓉班	0	丁永强 2020年12月1日 星期二 11:08
如何搜集文献.	胡磊	校本部张莉蓉班	0	胡磊 2020年11月28日 星期六 23:31
如何搜集文献	季刚	校本部张莉蓉班	0	季刚 2020年11月2日 星期一 09:35
如何搜集文献.	李嘉怡	校本部张莉蓉班	0	李嘉怡 2020年10月30日 星期五 21:14
如何搜集文献	童亚军	校本部张莉蓉班	0	童亚军 2020年10月26日 星期一 19:01

点击进入

3.此时可以下载查看学生(学员)上传的附件。

第五章专题学习活动
如何搜集文献

◀ 如何搜集文献.   如何搜集文献. ▶

| 树状显示回帖标题 ⬍ | 将此论题移至... ⬍ | 移动 | 置顶 |

如何搜集文献
由 季刚 发表于 2020年11月2日 星期一 — 09:35

详细内容见附件

📄 如何搜集文献.docx

最高分:5 (1)   永久链接 | 编辑 | 删除 | 回复

◀ 如何搜集文献.   如何搜集文献. ▶

【思考与训练】

一、通过本章内容的学习,你认为,开放大学学生(学员)在学习过程中常见的疑难问题有哪些?

二、结合自己在开放大学学习的实际,请你举出两到三个实例,说明你遇到过的疑难问题及其解决的过程。

附录1:

让学习伴随一生　让学习造就未来

黄湖滨

金秋九月，丹桂飘香。今天，我们在这里隆重举行岳阳开放大学（岳阳电大）系统2011年秋季新生开学典礼暨优秀学员表彰大会。在此，我代表学校党委、行政和全校教职员工，向2011年秋季新同学的到来表示热烈的欢迎和亲切的问候！向获得表彰的优秀学员表示热烈的祝贺！同时，我要代表学校党委、行政，对辛勤工作在开放教育教学、管理、服务一线的老师们表示诚挚的问候和崇高的敬意！

同学们都是来自全市各行各业、各条战线的工作骨干、职业人士，都是有抱负、有理想、有热情、有才气的青年朋友。从今天开始，你们正式成为了开放大学的一名学子，正式成为了一名大学生，或者是成为了一名更高层次的大学生。

各位新同学，从现在开始，你们将度过两年多业余学习的开放大学生活；从此刻开始，你们将开启终身学习的漫漫征程。我期望，你们通过两年多的学习和实践，学到丰富的专业知识，练就过硬的职业本领，与开大一起成长，与老师一起发展，提升职业素养，走向人生成功。同时，我也期望，未来两年多的开放大学学习给你们留下美好的回忆，成为你们人生道路上的一座重要的里程碑。

我希望，你们从四个方面不懈努力，让学习伴随一生，让学习造就未来。

一、深化认识，转变理念，让学习成为一种追求

学习，是一个国家、一个民族、一个政党包括我们每个人生存发展最根本的力量源泉，最宝贵的精神品质。荀子《劝学》开章明义："学不可以已。"湖南开大的校训是："让学习伴随一生。"岳阳开大（岳阳电大）的校训是："生而永学，学而永生。"无数事实证明：谁在学习上永不止步、永不懈怠，谁就能永远占据先机、把握主动；谁因循守旧、固步自封，谁就会被动落后、甚至被时代淘汰。因此，作为开大学员，作为职业人，一定要深化思想认识，转变观念理念，让学习成为一种追求，成为终身的需要和毕生的追求。

让学习成为一种追求，就必须坚持学以立志，在学习中深化对生命意义、人生价值的思考，怀抱远大志向，坚定理想信念；让学习成为一种追求，就必须坚持学以修德，在学习中深化对社会伦理、生活哲理的体味，纯洁思想道德，提升精神境界；让学习成为一种追求，就必须坚持学以强能，在学习中深化对专业技能、职业能力的认知，提高专业技能，增强职业能力；让学习成为一种追求，就必须坚持学以养性，在学习中深化对名利地位、人情世故的感悟，开阔视野胸襟，调适情绪心境。

二、适应环境，转换角色，让学习成为一种习惯

习惯，是人们某种行为养成后的自觉性表现。《汉书》上说："少成若天性，习惯成自然。"萨克雷说过："播种一种行为，收获一种习惯；播种一种习惯，收获一种性格；播种一种性格，收获一种命运。"培根说过："思想决定行为，行为决定习惯，习惯决定性格，性格决定命运。"在人生旅程中，每个人都会形成或养成一定的习惯，或好的习惯，或坏的习惯，或有益于自己、他人、社会的习惯，或无益于甚至是有害于自己、他人、社会的习惯。作为开大学员，作为职业人，一定要积极适应开放大学学习的新环境，自觉转换社会角色，让学习成为一种习惯，成为伴随一生的良好习惯。

让学习成为一种习惯，就必须了解开大教育环境，融入开大教学环境，适应开大学习环境；让学习成为一种习惯，就必须不忘职业人角色，强化学习者角色，演好"双重性"角色；让学习成为一种习惯，就必须积极参与组织性学习，切实开展自主性学习，不断优化实践性学习；让学习成为一种习惯，就必须在"读万卷书"中学习，在"行万里路"中学习，在"广交朋友"中学习，在"多干实事"中学习；让学习成为一种习惯，就必须在勤于思考中学习，在

勇于创新中学习，在敢于挑战中学习，在善于总结中学习。

三、博学多思，务实创新，让学习成为一种智能

《中庸》上说："博学之，审问之，慎思之，明辨之，笃行之。"这段话的意思是：在治学上，在事业上，要广泛地多方面学习，详细地问，慎重地思考，明确地分辨，踏踏实实地行动。与传统的封闭式教育相比，与其他高等教育机构相比，开放大学是一所没有围墙的大学，是一种融多层次、多规格、多形式办学于一体的开放大学，是一个为各类社会成员提供终身学习机会和学习支持服务的高等教育机构。正因如此，作为开大学员，作为职业人，一定要博学多思，务实创新，让学习成为一种智能，成为一种精明的智慧和很强的能力。

让学习成为一种智能，就应当充分利用课堂、网络、文本、实践等多种教育资源，综合运用各类学习方法；让学习成为一种智能，就应当在理论学习中注重博学多思，在实践学习中注重务实创新；让学习成为一种智能，就应当贴近职场需要培育智慧，贴近职业需要强化能力；让学习成为一种智能，就应当在博学多思中培育智慧，在务实创新中增强能力。

四、厚德强能，经世致用，让学习成为一种永恒

生命有限，学海无涯。现在，我国正在推进终身教育体系构建和"时时能学、处处可学、样样有学、人人乐学"的学习型社会建设，各级广播电视大学先后"华丽转身"为开放大学。这就告诉我们：学习，在知识经济时代，在学习型社会，已经不再是一种可有可无的东西，也不再是一种短暂性、阶段性的过程，而是一种动态性、终身性、永恒性的需求和过程。因此，作为开大学员，作为职业人，一定要厚德强能，经世致用，让学习成为一种永恒。

让学习成为一种永恒，就应当着眼于人生全程发展加强学习，着眼于人生全面发展加强学习；让学习成为一种永恒，就应当在学习中不断提升职业素养，在学习中不断扩充人生积累；让学习成为一种永恒，就应当持续增强职业技能，持续增强人生本领；让学习成为一种永恒，就应当始终坚持厚德强能，始终坚持经世致用。

各位新同学！你们果断选择岳阳开大（岳阳电大）来实现深造提升的愿望，是对我们的充分信任、热情支持和有力鞭策，也体现了你们的远大志向、开放情怀和执着追求。日后的事实将充分证明你们选择的正确和睿智，未来的发展将如愿回报你们的付出和努力。同时，学校的领导、老师们将努力以精心的教学、精诚的服务和精细的管理，来帮助和支持你们，让你们充分享受开大学习的过程，顺利完成开大学习的任务，如期成长为高素质、应用型、技能型职业人才。

最后，我真诚地祝愿老师们与学生一起成长，与学校一起发展，工作顺利，身体健康，事业成功，家庭幸福！真诚地祝愿同学们在新的人生驿站，勤奋地学习，理性地思考，聪慧地实践，健康成长，早日成才，学会成功，享受生活，体验快乐，收获幸福！

（本文系作者2011年9月25日在岳阳开放大学<岳阳广播电视大学>2011年秋季新生开学典礼暨优秀学员表彰大会上的讲话，时任校长、三级教授）

附录2：

注重"五个学会" 打造成功人生

黄湖滨

今天，我们在这里隆重举行岳阳开放大学（岳阳电大）系统2012年秋季新生开学典礼暨优秀学员表彰大会。在此，我代表学校党委、行政和全校教职员工，向2012年秋季新同学的到来表示热烈的欢迎和亲切的问候！向受得表彰的优秀学员表示热烈的祝贺！同时，我还要代表学校党委、行政，对辛勤工作在开放教育教学、管理、支持、服务一线的老师们表示诚挚的问候和崇高的敬意！

我们岳阳开放大学（岳阳电大）是岳阳市唯一一所集学历继续教育、非学历继续教育、终身教育与社区教育于一体的成人高校、开放大学，曾经是全省示范性市州电大和全国示范性地市级电大。岳阳开大（岳阳电大）系统现有在籍学员2.2万人，其中本部1.2万人。长期以来特别是近几年以来，我们秉持紧贴地方经济社会发展，培养高素质、应用型、技能型人才的办学理念，倡导和弘扬"生而永学、学而永生"的校训，宣扬和传播"拿文凭、学知识、强能力、交朋友、谋发展、享幸福"的开放教育文化，不断加强学校的硬件建设与内涵建设，不断提高学校的办学水平和人才培养工作水平。目前，我们正朝着构建"全球眼光、全国示范、全省一流的市州开放大学"的奋斗目标奋然前行。

同学们都是来自全市各行各业、各条战线的工作骨干、职业人士，都是有抱负、有追求、有热情、有才气的青年朋友。从今天开始，你们正式成为了岳阳开大（岳阳电大）的学子，正式成为了大学生或者是更高层次的大学生。从现在开始，你们将在开大度过两年多的业余学习生活；从此刻开始，你们将开启终身学习与职业生涯的新征程。我期待，你们通过两年多的学习和实践，学到丰富的专业知识，练就过硬的职业本领，与开大一起成长，与老师一起发展，提升职业素养，走向人生成功。我坚信，未来两年多的开大学习将会给你们留下美好的回忆，将会成为你们人生道路上一座重要的里程碑。

开学之际，作为校长，我殷切地希望你们，注重"五个学会"，打造成功人生。

一、学会学习，明白一生

我国古代思想家荀子说过："学不可以已。"英国哲学家培根讲过："读书可以增长才干，只有学识渊博的人才能通观全局，得以担当重任。"这些话告诉我们：学习是从业之基、创业之途，是职业人健康成长、提高素质、增强本领、不断进步的必由之路。对开大学员来说，对职业人来说，只有善于学习、学会学习，才能清醒一生、明白一生。

善于学习、学会学习，是事业进步的永恒主题，也是职业人成长成才成功的永恒主题。作为开大学员，作为职业人，如果不注重学习、不读书、不看报，怎么更新知识、获得信息？怎么遵纪守法、爱岗敬业？怎么建功立业、有所作为？当前，职业人中之所以出现这样那样的问题，原因有很多，但忽视学习绝对是重要原因之一。鲁迅先生有句名言："时间就像海绵里的水，只要愿挤，总还是有的。"每个职业人都要有学习的敏锐性和紧迫感，树立"挤时间学习"的理念，把学习作为一种工作、作为一种生活、作为一种追求、作为一种习惯，不断开拓人生新境界，不断开拓事业新境界。

当前，各种新知识浩如烟海，实践中有待解决的问题也在不断增多。新的形势、新的使命迫切需要每个开大学员、每个职业人学习、学习、再学习，切实增强学习的敏锐性、责任感和可持续动力，善于学习，学会学习。

1.学会自觉学习。要切实深化认识，着力转变理念，让学习成为终身的需要和毕生的追求，变"时代要我学习"、"社会要我学习"、"实践要我学习"为"我要勤奋学习"、"我要善于学习"、"我要学会学习"，在勤奋学习中充实积累，在善于学习中不断成长。

2.学会被动学习。要学会利用面授课和导学课的机会，在助学辅导老师的帮助下，在专业和课程责任老师的指导下认真学习，学会克服工学矛盾带来的种种困难，变压力为动力，变被动为主动，孜孜不倦地学习，科学有序地学习。

3.学会自主学习。要根据教学计划，制定好个人的学习计划，着力改进学习方法，掌握学习规律，学会自主学习，不断提高学习成效，不断提高学习能力。

4.学会敏锐学习。要及时地"充电"、"加油"，勤奋学习各种有用的新知识，学会敏锐学习，不断拓展视野，不断创新思维。

5.学会实践学习。汉朝刘向的"耳闻之不如目见之，目见之不如足践之"，南宋陆游的"纸上得来终觉浅，绝知此事要躬行"等古代名言警句，都阐明了实践的重要性，充分说明"亲历方得真知"，向实践学习是开拓新知、提高本领的捷径。作为开大学员，作为职业人，不仅要读有字之书，还要读无字之书。要善于在实践中学习研究，不断探索事物发展的内在规律，不断找到破解难题的有效办法，不断提高综合素质和职业能力。

二、学会做事，塌实一生

任何一位职业人士的成功，很大程度源于精心做事、学会做事。对开大学员来说，对职业人来说，只有精心做事、学会做事，才能塌实一生、牢靠一生。精心做事、学会做事，就是要在工作中、在实践中始终做到专一、专注、专业，三者缺一不可。

1.专一。所谓专一，就是爱岗敬业、心不二用。工作中，既要有十年磨一剑的恒心，更要有几十年如一日的耐心。要热爱所选择的工作，把工作当作幸福的源泉去经营，而不仅仅是谋生手段。一旦选择了将要从事或正在从事的工作，那么接着要做的便是秉持信念、坚守一心、挥洒热情、勇往直前。

2.专注。所谓专注，就是全身心地投入，主动思考工作，积极推动工作，善于改进工作。卡耐基说过，成功的奥妙在于，你将所有的精力、思想、资金都投入到你所从事的一件事情中去。拿破仑说过，专注是人生成功的神奇钥匙。作为开大学员，作为职业人，专注就意味着必须要有职业敏感性，有精益求精的态度和攻坚克难的韧性。在工作中，你越是全身心地投入，你所遇到的困难就越是能够迎刃而解。

3.专业。所谓专业，就是要精通业务、追求卓越。作为开大学员，作为职业人，只有通过深入的学习、持续的思考、反复的探究，才能在业务上达到专业水平，才能成为本单位、本领域、本行业的业务权威，成为唯一和不可替代。

三、学会做人，和谐一生

钱穆先生说过："成人犹谓完人，谓人格完备之人。学者必须培其智，修其德，养其勇，而习于艺，而复加以礼乐之文。"这就告诉我们：作为开大学员，作为职业人，必须学会做人，必须培养智慧、修养德性、锻造勇气，进而学习专业技艺，并加以礼和乐的熏陶调教。只有这样，才能和谐一生、发展一生。为此，要突出三点：

1.做有德性之人。古希腊哲学家柏拉图认为："美德就是知识。"最高的理念是至善，至善是人生的最高目的和最高幸福，在"至善"中，真、善、美是和谐统一的。一个有德性的人，一个在工作和生活中坚持克己、正直、包容、慈悲、刚毅的人，更容易实现成功，获得幸福。

2.做有智慧之人。智慧需要培养，大智慧需要涵养。一个肯于虚心吸收观察一切，经常反省、审查自己优点和缺点的人，在求智的道路上，比那些不懂得自省加观察的人要来得快得多。

3.做有勇气之人。普劳图斯认为：勇气是一切天赋中最好的天赋，它先于一切。真正的勇敢产生于对自我的认识。一个有勇气的人往往正是善于发现自我、接受自我、挑战自我、改造自我的人。

四、学会创新，卓越一生

未来学家托夫勒曾经指出："没有什么比昨天的成功更加危险。"成功的企业家们信奉"世界属于不满足的人们"，他们很少陶醉在已有的成就之中，而是勇于否定自我，善于忘掉"过去"，面向未来，勇于变革，精于创新。比尔·盖茨曾经反复警示过自己的员工："微软离破产永远只有18个月。"英特尔公司"让对手永远跟着我们"的危机理念，使他们公司始终保持着旺盛的创新能力。创新，不仅是一个人、一个组织、一个单位、一个地方，甚至是一个民族生存、进步、发展、成功的根本动力和重要源泉。对开大学员来说，对职业人来说，只有勇于创新、学会创新，才能创造一生、卓越一生。为此，要注重四点：

1.激发创新欲望。勇于创新、学会创新，首先必须想要创新，渴望创新。要从关注创新时代、学习创新理论、赏析创新案例、展望创新未来等渠道入手，激发自己的创新欲望，酝酿自己的创新冲动。

2.开发创新思维。勇于创新、学会创新，重要的在于开发创新思维，掌握创新方法。要多方激活你的大脑，灵活运用你的智慧，充分挖掘你的创新能力，着力开发你的创新思维，切实提高创新能力，不断提高创新水平。

3.推进创新实践。勇于创新、学会创新，关键在于投入创新实践，推进创新实践。要从现在做起，从点滴做起，勇于标新立异抓工作，敢于打破常规搞实践，倾心投入创新实践，使劲推进创新实践，在创新性实践中有所作为，在创新性实践中实现价值！

4.品味创新果实。勇于创新、学会创新，还离不开品尝创新滋味，品味创新果实。要经常品味微小的创新果实，悉心品味中型的创新果实，反复品味重大的创新果实，从而注重勇于创新，逐步学会创新。

五、学会成功，幸福一生

王国维有句名言："古今之成大事业、大学问者，必经过三种之境界。'昨夜西风凋碧树，独上高楼，望尽天涯路。'此第一境也。'衣带渐宽终不悔，为伊消得人憔悴。'此第二境也。'众里寻他千百度，蓦然回首，那人却在灯火阑珊处。'此第三境也。"可以说，这三种境界也是我们每个开大学员、职业人学会成功、走向成功、快乐一生、幸福一生的三重境界、三大举措。

1.志存高远，登高望远。学会成功、走向成功、快乐一生、幸福一生，必须要有高远的志向，明确的目标，执着的追求。只有志存高远，才能登高望远。只有始终志存高远，登高望远，才能逐渐进入"昨夜西风凋碧树，独上高楼，望尽天涯路"的理想境界。

2.忘我奋斗，无怨无悔。学会成功、走向成功、快乐一生、幸福一生，必须锁定与扣紧既定目标，忘我奋斗，经受磨砺，忍耐寂寞，付出代价，从而奋力打造成功，逐步走向成功。只有坚持忘我奋斗，无怨无悔，才能真正进入"衣带渐宽终不悔，为伊消得人憔悴"的动人境界。

3.历尽艰辛，喜获成功。学会成功、走向成功、快乐一生、幸福一生，更要经过长期的磨练，甚至历尽艰辛、历经磨难。只有历尽艰辛、历经磨难，才可能豁然开朗，产生顿悟，达到成功。只有"众里寻他千百度"，才能迎来那"蓦然回首，那人却在灯火阑珊处"的意外成功，才能最终步入重大成功的最高境界！

各位新同学！你们果断选择岳阳开大（岳阳电大）以实现深造提升的愿望，是对我们的充分信任、热情支持和有力鞭策，也体现了你们的远大志向、开放情怀和执着追求。日后的事实将充分证明你们选择的正确和睿智，未来的发展将如愿回报你们的付出和努力。同时，学校的领导、老师们将努力以精心的教学、精诚的服务和精细的管理，帮助和支持你们，让你们充分享受开大学习过程，圆满完成开大学习任务，如期成长为高素质、应用型、技能型职业人才。

最后，我真诚地祝愿老师们与学员们一起成长，与学校一起发展，工作顺利，身体健康，事业成功，家庭幸福！真诚地祝愿同学们在新的人生驿站，勤奋学习，理性思考，聪慧实践，健康成长，早日成才，学会成功，享受生活，体验快乐，收获幸福！

（本文系作者2012年9月23日在岳阳开放大学<岳阳广播电视大学>2012年秋季新生开学典礼暨优秀学员表彰大会上的讲话，时任校长、三级教授）

附录3：

享受开放学习　写就幸福人生

黄湖滨

春暖花开，姹紫嫣红。在这美好的春日里，我们隆重举行岳阳开大（岳阳电大）2014年春季新生开学典礼暨优秀学员表彰大会。今天，又有一批有志青年跨入岳阳开大的大门，成为岳阳开大（岳阳电大）的新学员；今天，又有一批优秀的在读学员在这里受到表彰和奖励，为岳阳开大（岳阳电大）校史增添新的光彩。在此，我谨代表学校党委、行政和全校教职员工，向2014年春季新同学的到来表示热烈的欢迎和亲切的问候！向受到表彰的优秀学员表示热烈的祝贺！

岳阳开大（岳阳电大）是岳阳市唯一一所集学历继续教育、非学历继续教育、终身教育与社区教育于一体的成人高校、开放大学。2008年以来，在岳阳市委市政府的正确领导下，在国家开大、湖南开大的精心指导下，我们高举中国特色社会主义伟大旗帜，深入贯彻落实科学发展观，以创建"全球眼光、全国示范、全省一流"的市州开大为办学目标，以服务地方经济社会发展为办学宗旨，勤奋务实，开拓创新，开创了各项事业协调发展的新局面。目前，我们正朝着构建"全球眼光、全国示范、全省一流的市州开放大学"的奋斗目标奋然前行。

各位新学员选择就读岳阳开大（岳阳电大），提升自己的学历、能力和水平，是你们对岳阳开大的充分信任和倾情追随，更是你们对自己美好未来、幸福人生的精心选择和热切追求。作为校长，我殷切地希望你们享受开放学习，写就幸福人生。为此，我对你们提出如下八点希望：

一、明确学义

学习是一个永恒的人生命题。庄子说："吾生也有涯，而知也无涯。"这告诉我们人生有极限，学习无止境。古语云："玉不琢不成器，人不学不知义。"这说明学习对于成才的重要意义。诺贝尔经济学奖得主舒尔茨指出，人类的未来不取决于空间、能源和耕地，而是取决于人类智力的开发。因此，大家一定要明确学习的意义、目的和价值。

学习是完善人生的需要。现代人才学中有一个理论叫做"蓄电池理论"，认为人的一生只充一次电的时代已经过去；只有成为一块高效蓄能电池，进行不断的、持续的充电，才能不间断地、持续地释放能量。在信息化时代，如果脱离了学习，你的人生就会出现重大缺失。

学习是干好工作的需要。一个人认识问题、分析问题、解决问题的能力与其掌握知识的广博程度是成正比的。毛泽东曾经说过："有了学问，好比站在山上，可以看到很远很远的东西；没有学问，如同在暗沟里走路，摸索不着，那会苦煞人。"一个人学问的深浅决定了他看待问题的视野和高度，这恰恰是工作中亟需的一种能力。

学习是顺应时代的需要。21世纪是人才竞争的时代，有四种人容易被淘汰：一是知识老化的人；二是技能单一的人；三是单打独斗的人；四是不愿学习的人。所以，面对瞬息万变的知识经济时代，要解决"知识恐慌"、"本领恐慌"，只有不断学习。

同学们！岁月不居，只争朝夕。作为校长，我希望大家明确学习的意义，学会学习，学会做事，学会做人，获取宽厚的知识，打下坚实的专业基础，培养过硬的职业技能，促进人生全面、协调、可持续发展。也希望大家科学规划，认真思考，脚踏实地，循序渐进。

二、感识学校

岳阳开大（岳阳电大）是一所相对年轻的大学，创建35年来，开大人（电大人）筚路蓝缕，披荆斩棘，凝心聚力，锐意改革，形成了鲜明的办学风格和办学特色，铸就了光荣传统和优良作风，培育了埋头苦干、无私奉献的敬业精神,海纳百川、包容开放的协作精神,自强不息、勇攀高峰的创新精神。这些宝贵的精神,是学校历经风雨、成长壮大的重要支撑,成为学校各项事业稳步向前的强大动力,更激励着一代又一代开大(电大)学子顽强拼搏、不懈奋斗。建校以来,数以十万计的莘莘学子从这里走出去,成为建设岳阳这座美好城市、美丽家园的中流砥柱和依靠力量。

今天,你们走在开大幽雅精致、焕然一新的校园里,依然可以感受到一股蓬勃向上的朝气。希望你们用心感识岳阳开大(岳阳电大)这所就读、深造的学校。希望你们多驻足,多停留,多感受,珍惜在校园的美好时光,享受求知的乐趣,享受与同学们相处的融洽氛围,享受在专注学习中获得的宁静与自由,感受开放学习带来的正能量,并且传递到日常的工作与生活中去。

三、体察学情

同学们!现代远程开放教育的特点决定了你们只能在相对有限的时间里进行学习。对你们而言,这既是一种压力,也是一种动力。压力在于,要符合既定的学习要求,达到规定的学习目标,你们可能要付出双倍甚至数倍的学习精力。然而,正是基于这样的压力,才可能激发你们潜藏的学习能力,便于你们更好地管理学习。这就要求你们要体察学情,就是要悉心体察开放学习之情形,全心体验开放学习之情况,诚心体会开放学习之情景。

开放大学的学习是伴随着任务的学习。同学们入学后,将要面临面授学习、网上学习、形成性作业(包括纸质作业和网上作业)、小组学习、实训学习、小论文、期末考试等各项学习任务,每项任务都有着相应的考核标准与考核程序。希望同学们能够对照这些任务,制定出科学合理的学习计划,时常反省学业情况,避免出现差错和遗漏,最后影响到顺利毕业。

四、亲近学物

同学们都是带着解决工作和生活中的实际问题这一动机来学习的,学习的目的应该比较明确,学习的态度也应该比较主动。你们今天的选择决定明天的成就。因此,大家一定要亲近学物,就是要热爱开放大学学习的内容,倾心投入开放大学学习的活动中。要尽快做出合理的学习规划,一旦选定了所学专业，就须心无旁骛，潜心投入，不能心猿意马，犹疑不定，以免耽误了学习。

首先，要注重学习的深度。要认真对待专业知识的学习，包括专业教学计划内所有课程学习，以及与专业知识相关的学习；通过这方面的学习，打下比较宽厚的知识基础，并具有一定的研究水平。

其次，要拓宽学习的广度。我希望大家要克服各种困难，力争多方涉猎，广泛辐射。蔡元培先生说过，"学生如果进入一所各科只开设与其它学科完全分开的、只有本科专业课程的大学，那对他的教育将是不利的"。换句话来讲，如果你进入某一个专业，这个专业里只是上本专业的课程，其它你都不学的话，那对教育就是不利的。

再次，要增强学习的厚度。我想大学的课堂不止是教室，还包括校园的每一个角落；学习的内容也不止书本，还包括思想的交流与碰撞。期待同学们谨慎选择，不要功利地以工作的名义挑选知识，而是用质朴的心灵，享受人类思想给予的盛宴。

五、探索学法

在信息高度发达的今天，文盲已经从原来意义上的"不识字"延伸到了"不会学习"。因此，探索学法，学会学习，对于大学生成才来说相当重要，对于开放大学学员的成才来说更为重要。你们要顺利完成开放教育的各项学习任务，获得良好的学习效果，圆满结业，如期拿证，就更需要探索学法、学会学习，就是要探索、选择和运用科学有效的学习方法和学习策略。

一要带着问题来学习。大部分同学来到这里读书，无非是想学好一门知识，或者想做好一门学术。而学术恰恰是围绕问题展开的，并且这样的问题不应该迎合常理，迁就惯性。可以按照"发现问题，寻找答案，提出自己的解决办法"这三个步骤来进行学习。正如《礼记·大学》有言："所谓致知在格物者，言欲致吾之知，在即物而穷其理也。"意思是说获得和创新知识，就必须认识、研究事物，必须接触事物并探究它的道理。这是从理念上来谈学习方法。

二要探索多元学习法。具体到每一项学习考核任务来说，都有相应的方法可循，如网上作业、纸质终结性考试、小论文等考核，都可以总结归纳出学习的技巧。

六、增强学力

在当今充满竞争的时代，学习力就是本质的竞争力。在上个世纪60年代，被《财富》杂志列为世界500强的大公司，堪称全球竞争力最强的企业。然而，到80年代有近三分之一销声匿迹，到上世纪末更是所剩无几了。究其原因，就在于这些大企业不善于与时俱进，不具备足够强的学习力。

企业如此，个人也不例外。大家应该明白，每个人才的背后都有很强的学习力作为支撑，人才背后的竞争实质上隐藏着学习能力的竞争。在新科技革命和知识经济风起云涌的信息时代，如果不能坚定终身学习的信念，如果不能更新学习理念，如果不能保持足够强的学习能力，就很容易被时代所淘汰。因此，大家一定要切实增强自己的学习力，包括学习实力、学习能力、学习功力、学习魅力。

七、提高学养

学养是一个人学识和修养的总称。体现在个人气质上，学养就是一种让人如沐春风的，能够传递生命气息的书卷气。体现在人格上，学养便是宽阔的心胸和丰厚的学识。因此，大家要着力提高自己的学养，包括学习修养、学习素养。

要提高学养，一要摈除浮躁，老老实实求学问，不弄虚作假，不要急功近利地去学习。二要学会谦虚，"学然后知不足"，越是深入地学习，就越会了解自己的无知。正是基于这样的认识，古希腊哲学家苏格拉底常常警示人们："认识你自己"。三要学会读书。作为校长，我建议你们博览群书，特别是要注重阅读经典。经典之所以为经典，就在于它是人类文化科学发展的深沉积淀，就在于它所包含的超越时空的精神理念。读书的过程，就是与古今中外贤人智者心灵交流和思想碰撞的过程。书读得多了，学问才会潜移默化，才会融入你的血液和心灵，成为你的学养和素养。

八、获取学历

哈佛大学校长福斯特说过一句话："一所大学关乎学问，影响终生的学问，将传承千年的学问，创造未来的学问。终生的学问始于学校，终于社会。"希望在两年多时间里，大家通过对学问的追求，努力提升个人能力，锻炼敏锐的思维，培养专业的技能，最终获取向社会证明自己的学历，实现人生的华丽转身，为未来幸福奠定美好的基础。

同学们！2013年流传着一个关键词，那就是"青春"。这使我想起了著名美国教育家塞缪尔·厄尔曼对"青春"的注解："青春不是年华，而是心境；青春不是粉面、丹唇、柔膝，而是深沉的意志、恢弘的想象、炙热的感情；青春是生命的深泉在涌动。青春气贯长虹，勇锐盖过怯弱，进取压倒苟安……人人皆有一台天线，只要你从世界接收美好、希望、欢乐、勇气和力量的信号，你就青春永驻、风华常存。"现在，我要把这几句话转赠给大家，希望同学们从今天开始，就让你们生命的青春深泉喷涌而出吧！希望大家积极培育奋发有为的心态，培养追求卓越的锐气，磨练百折不回的意志，塑造富有创新想象的素质，打造专属自己的幸福人生！

总之，希望大家志存高远，脚踏实地，健康成长，加快成才，享受开放学习，写就幸福人生！

（本文系作者2014年3月30日在岳阳开放大学<岳阳广播电视大学>2014年春季新生开学典礼暨优秀学员表彰大会上的讲话，时任校长、三级教授）

附录4：

终身学习正当时　奔跑追梦新时代

袁　征

一叶落而天下知秋，书声漾而征程再启。今天，我们齐聚一堂，隆重举行2019年秋季开学典礼暨优秀学员表彰大会。在此，我代表学校欢迎各位新学员的到来，并祝贺受到表彰的优秀学员！

2019年注定是一个不平凡的年份。既是五四运动一百周年，又是新中国70华诞，既是开大建校40周年，更是决胜全面建设小康社会的关键之年。开放大学及其前身广播电视大学四十年的辉煌成就，创造了改革开放的奇迹。岳阳开放大学（岳阳电大）全国最具影响力、全国示范、全省一流、全省教学十连优、全省招生十连冠品牌梦的实现，离不开在座各位同学和老师的埋头苦干和自强不息。

感谢你们将求学之梦选择在岳阳开大，让学校熠熠生辉。感谢你们把求学精神，演绎在岳阳开大，让学校生机勃勃。感谢你们将青春汗水挥洒在岳阳开大（岳阳电大），让学校欣欣向荣。

我们也将不会辜负各位学员的期许，为大家提供更加优质、独到、高效的教学和助学服务。在这里，你们将会结下宝贵的同学友谊，沉淀深厚的人文修养，养成独立思考能力，储藏丰富的知识，获得学历和文凭，培养良好的人际关系，成就更加优秀的自己。

你们即将在岳阳开大（岳阳电大）开启新的学习征程。未来两年，你们潜心学习、提升素质的最美身影将留在面授课堂里、学习平台上、实践岗位中，你们服务社会、展示才华的最亮身姿将写在志愿活动中、竞技赛场上。作为你们的校长、老师和朋友，借此机会，提几点希望，与大家共勉。

奋斗的人生，当以梦为马，守望初心。习总书记说过："新时代是奋斗者的时代，奋斗本身就是一种幸福，只有奋斗的人生才称得上是幸福的人生"。15级农民大学生余伟，在外打拼十几年，返乡后成立了黑山羊养殖专业合作社。起早贪黑，上山下乡，多次将在开大学习的实用技术运用到农村创业实践中去，成为带领村民共同致富的领头羊。17级农民大学生曾伟，放弃长沙月收入二万多的工作，回乡创业，成立团湖稻虾种养殖专业合作社。并亲自上门给种养殖大户一对一宣讲国家扶贫政策，聘请开大的专家到村入户，给养殖户现场传经送宝，他所在村的贫困户已全部脱贫。像他们这样的心怀梦想、心存大爱、心系基层的学员，我们开大还有很多……希望同学们都能以他们为榜样，勇做奋斗者，在追求梦想中实现自我人生价值。

奋斗的人生，当勤于求知，多思善悟。"人才有高下，知物由学"。扎实的学识是知识、能力、素质的全面发展和有机融合。相对于其他学习模式，开放教育是一种以远程教育为主的教学模式，师生之间的非面对性，考试形式的多样性，工学矛盾的突出性，难免会让大家在学习的过程中产生无助、焦虑，甚至放弃的念头。需要同学们克服畏难情绪，迎难而上。

我们学校也为同学们的求学之路提供了便利。这里有一支专业扎实、任劳任怨的教师队伍，他们将为你们的梦想插上腾飞的翅膀。这里有着一个春风化雨、润物无声的助学团队，他们将践行"热心、知心、细心、耐心、开心"的"五心"服务理念，为你们提供优质的助学支持服务。这里有着众多的助你学习的好平台、好朋友，如国家开放大学学习平台、岳阳开大学习平台、微信公众号学习平台和"掌上开大（电大）"学习软件，为你们的学习打开另外一扇窗。

奋斗的人生，当自信满怀，乘风破浪。也许你们很多人还在质疑自己的学习能力和专业能力，如果是这样，那你们就错了。2018年，会计专业王向荣、何有意等7人在"国家开放大学全国办税技能大赛"中获特等奖，钟玲、王蕾获一等奖；2019年，护理专业易海景在"国家开放大学首届护理病例大赛"中获一等奖；工商专业张莉同学在"国家开放大学工商管理案例设计与分析大赛"中获三等奖，2019年，小学教育专业上官馨、学前教育专业邓文娟、徐霞也即将代表岳阳开大参加"国家开放大学优秀教学案例评选"、"国家开放大学优秀集体活动案例评选"等竞赛。同学们，他们牛不牛？希望同学们奋进路上能够像他们一样，勇敢面对挑战，顽强拼搏，勇往直前，不断追求人生新的高度，实现人生的华丽蜕变。

借此机会，我代表学校党委行政，对同学们提出三点期许：第一，期待终身学习的理念，同你们伴随终身，成为有境界的达人，这是掌握人生命运的关键。第二，期待专业知识的学习，同你们伴随终身，成为有品位的智者，这是掌握人生命运的基础。第三，期待能力水平的提升，同你们伴随终身，成为有作为的强者，这是掌握人生命运的标志。第四，期待校园文化的基因，同你们伴随终身，成为有修养的贤士，这是掌握人生命运的内核。

乘风破浪会有时，直挂云帆济沧海。亲爱的同学们，新学期的号角已经吹响，让我们以梦为马，不负韶华，去开创属于自己更加美好的明天！

最后，祝全校教职员工身体健康、工作顺利，祝全体学员学习进步，事业有成！

（本文系作者2019年9月28日在岳阳开放大学<岳阳广播电视大学>2019年秋季新生开学典礼暨优秀学员表彰大会上的讲话，时任校长、高级政工师）

附录5：

生涯不止学不已　砥砺奋进追梦行

乐艳华

今天，我们齐聚一堂，隆重举行学校2020年秋季开学典礼暨优秀学员表彰大会。在此，我代表学校热烈欢迎各位新学员的到来，并真心祝贺受到表彰的优秀学员！

2020年是极不平凡的一年，突如其来的新冠肺炎疫情，给全球社会经济发展和人民生命健康带来了巨大冲击和挑战。在以习近平同志为核心的党中央坚强领导下，我们进行了艰苦卓绝的"战疫"斗争，全国疫情防控阻击战取得重大战略成果。在这个特殊时期，大家克服了重重困难，经受住了种种考验，为梦想执着坚守、不懈追求，恭喜你们加入高层次人才学习的梯队，向阳而生，追梦前行。作为你们的校长、老师和朋友，借此机会，我与大家谈谈人生理想。

我要为你们点赞——选择了终身学习，就是选择了一条通往幸福人生的捷径！"人才有高下，知物由学"。新时代是终身学习的时代，终身学习能让你的人生更出彩。面对世界百年未有之大变局，只有始终与时代主题同心同向，充分融入时代大潮，争当时代新人，让生命在终身学习、砥砺前行中焕发绚丽光彩。蓝图不可能一蹴而就，梦想不可能一夜成真。关键要下真功夫、求真学问、练真本领。越是美好的未来，越要人生出彩，越需要我们付出艰辛努力。现在的你们，就是苦练本领、增长才干的最佳时期。希望大家把学习作为首要任务，作为一种责任、一种精神追求、一种生活方式，脚踏实地、刻苦学习，不断积蓄担当的能量，涵养担当的底气，朝着梦想的方向不断前进。

我要为你们比心——选择来开大（电大）学习，就是选择了最好的终身学习服务！相对于其他学习模式，开放教育是一种以远程教育为主的教学模式，师生之间的非面对性，考试形式的多样性，工学矛盾的突出性，需要同学们克服畏难情绪，迎难而上。你们一定要在"勤学"上狠下功夫，强化学习行动，推进学习实践，优化学习习惯，提高学习能力，收获学习果实。我们学校也给同学们的求学之路提供了便利。这里有一支专业扎实、任劳任怨的教师队伍，他们将为你们的梦想插上腾飞的翅膀。这里有着一个春风化雨、润物无声的助学团队，他们将践行"热心、知心、细心、耐心、开心"的"五心"服务理念，为你们提供优质的助学支持服务。这里有着众多的助你学习的好平台、好朋友，如国家开放大学学习平台、岳阳开大（岳阳电大）学习平台、微信公众号学习平台和"掌上开大（电大）"学习软件，为你们的学习打开另外一扇窗。

我要为你们鼓劲——选择了学习就要乐于学习，就要选择走出自己的舒适圈！我们每个人都会有自己不喜欢做的事情，但是当你为了一个目标坚持学习走出舒适地带的时候，你就是超级英雄。只要我们比昨天的自己更聪明，更有学识，更有能力，就是一种伟业——持续地改变自己，推动自己达到新的限度，寻找并扩展自己的边界。生活就是一枚硬币，你把正面过得安逸阳光，背面就充满阴暗的苦涩。你的每次贪图安逸，都在透支下半辈子的幸福。选择走出舒适圈，就是选择更好的生命轨迹，让我们将人生的圆画得更大一点。年迈的时候回头看，里面是更广阔丰富的内容，而不是"少壮不努力"的苦恨。

同学们！身处这样一个快速变化的未知时代，我们每个人都需要认识变化、思考变化、应对变化、寻求变化，做到"识变、思变、应变、求变"，顺势而为、危中寻机，以开放的心胸和积极的态度关注世界格局与中国发展的大趋势。不论在何种社会角色里，平凡或不平凡的你们都要有时刻准备着以逆行的姿态负重而上的担当，勇于用肩膀扛起如山的责任，敢于用行动托起祖国和未来的希望，以你们的方式贡献应尽之责、绵薄之力。

最后，祝全校教职员工身体健康、工作顺利，祝全体学员学习进步，事业有成！

（本文系作者2020年10月17日在岳阳开放大学<岳阳广播电视大学>2020年秋季新生开学典礼暨优秀学员表彰大会上的讲话，时任校长、高级政工师）

附录6：

选择开放教育　书写亮丽人生

李　健

　　春回大地，万象更新！在这样一个鸟语花香、春意盎然、富有诗意的美好日子，我们齐聚一堂，隆重举行2014年开放教育春季新生开学典礼，我谨代表岳阳开大（岳阳电大）开放教育处全体教师和工作人员，向新学员们表示最诚挚、最热烈的欢迎！从今天开始，你们将开启人生新的模式，做"开大人（电大人）"将成为你们面向未来的郑重选择，你们的加入也必将给学校开放教育事业的发展注入新的生机和活力。预祝大家在岳阳开大（岳阳电大）经历一场别开生面的、充实的、愉快的学习之旅。

　　鸟随鸾凤飞腾远，人伴贤良品自高。在现实生活中，与谁同行很重要，甚至能够改变你的成长轨迹，决定你的人生成败。与智者同行，你会不同凡响，与高人为伍，你会登上顶峰，与良师益友同行，你将更加出类拔萃。岳阳开大（岳阳电大）开放教育处集结了一支治学严谨、追求真知、德才兼备、无私奉献的优秀教师队伍。请允许我向大家介绍这支优秀的队伍。

　　首先，介绍责任教师队伍。他们是：计算机专业责任教师、"国家开大（中央电大）"获得者、高级工程师、刘文英副教授，学前教育专业责任教师、"国家开放大学（中央电大）优秀课程教师"颜素芳副教授，会计专业责任教师、岳阳市优秀"双师型教师"曾秋香副教授，法学专业责任教师、毕业于西南政法大学、资历深厚的谢立志老师，工商管理专业责任教师、才华横溢的刘秦副教授，"一村一大"责任教师、学识丰富郭仕老师，行政管理专业责任教师、岳阳开大（岳阳电大）"最美教师"骆宋星老师，教育管理专业责任教师、优秀青年骨干教师荣媛老师。

　　接着，介绍助学辅导员队伍。他们是："以校为家，视学生为己出"的方爱莉老师、兢兢业业、平易近人的张猛良老师，业务精湛、一丝不苟的龚文胜老师，耐心体贴、任劳任怨的张莉蓉老师，全省"优秀助学辅导员"李朝霞老师，深受学生喜爱的甘英老师，年轻有为、富有责任心的陈益老师、文园老师、王丹老师、易文超老师、钟媛琳老师。

这些优秀的老师，将陪伴你们度过未来两年多的开大（电大）学习生活，在学业上给予你们细致而周到的帮助和服务。希望同学们也能够做到亲其师、信其道，自觉转变角色，积极融入开大的学习生活中来。

同学们！时光是世间最公平的见证者，你如果碌碌无为，甘于平庸，那么光阴便会悄悄偷走你的梦想，再回首的时候，也只能黯然感叹"时间都去哪儿了"，或者孤单追忆"终将逝去的青春"，乃至带着未演奏完的歌曲走进人生的坟墓。你若有不坠青云之志，奋起如雄鹰，勇敢飞行，那么未来你会收到时间给予的美好馈赠，迎接属于自己的璀璨人生。

对于你们而言，未来两年的读书生活也许将是枯燥的，但是在如今举世喧器，大多数人都高唱着"迷失"的社会环境下，能够有一个专属空间，让你行走的脚步慢下来，过滤掉种种流俗的观念、动机、得失、利害等等，让灵魂跟上你的脚步，这何尝不是一种奢侈与幸福。因此，作为开放教育处负责人，对于接下来两年的学习安排，我想对大家提出几点忠告：

一要紧随助学老师的脚步，做好入学教育培训。根据开放教育学习的特点，与普通的在校学习不同，你们绝大部分的学习在校外进行，这对你们而言是不小的压力，也给开放教育的学习管理带来了一定的难度，因此，加强与学校的联系，与助学老师积极配合是你们应该采取的态度。首先要做好入学教育培训。俗话说"万事开头难"，只有把开头的问题解决好了，接下来的学习才会更加得心应手。未来两年里，请自动将你们的人生模式调整为开放教育学习模式，同时开启电脑、网络、手机、QQ、邮箱、微信等非绝缘模式，以后你们的手机、QQ等将会定期收到开放教育学习方面的信息和通知，希望你们不要以"非诚勿扰"的态度消极回复，因为我们更加期待"终于等到你"这样的热情，因为每一条信息都是由学校和老师们的关心、爱心、细心、耐心和知心加工制作而成的。

二要根据开放教育专业教学计划，制订好个人的学习计划。一个精心设计的、合理的个人学习计划，是你顺利完成学业的重要前提之一。事预则立，不预则废。开放教育学员工学矛盾比较突出，因此要首先做好学习的时间准备，合理分配好学习、工作、生活的时间，这就需要制定好个人的学习计划。学习一门课程需要的时间是因人而异的，取决于许多因素，如原来的专业背景、文化基础、所从事的职业、年龄和家庭负担等。也就是说，同时注册入学的同学，由于主客观因素的差异，很可能无法按照同一个教学计划的安排齐头并进。因此，每个人都要根据自己的主客观条件，制定符合本人实际情况的个人学习计划，包括长期计划、中期计划和短期计划。

三要积极参与学校活动，释放精彩活力。希望同学们加强与专业责任教师和学业导师的联系，在老师的指导下参加面授课学习、课程实践活动、小组学习活动、网上学习活动等。此外，开放教育学生活动也正在如火如荼地进行之中，"梦飞"班长协会正在广纳英才，文学、舞蹈、合唱、摄影、羽毛球这五大学生社团也热切期待着你的加入。

同学们，你们选择岳阳开大（岳阳电大）进行深造，提升自我，是你们与岳阳开大（岳阳电大）的美丽缘分。选择意味着承担，也意味着责任。作为开放教育处负责人，我代表全体工作人员，向你们郑重承诺，我们将认真贯彻落实国家开放大学教育方针和理念，遵照"一切为了学生、为了学生一切、为了一切学生"的服务宗旨开展工作，为学生的幸福前程谋取福祉。

日出江花红胜火，春来江水绿如蓝。同学们，最美的春天也许不在自然界，她蕴藏在我们每一个人的心中。在这个美好的春日，让我们一起作个约定，从现在起，迈开你们的脚步，朝着梦想奔跑，向着希望追求，如果这个约定要加一个期限，我希望是开放教育学习的两年或者永远。最后祝愿同学们放飞梦想，播种希望，潜心耕耘，收获成功！祝愿大家充分享受开放教育学习，书写出自己的亮丽人生！

（本文系作者2014年3月30日在岳阳开放大学<岳阳广播电视大学>2014年春季新生开学典礼暨优秀学员表彰大会上的发言，时任开放教育处处长、副教授）

附录7：

立定新起点　追逐新梦想

刘　涛

秋色送走了酷暑，秋风带来了凉意，今天，我们在此隆重召开学校新学期新生开学典礼。在此，我代表岳阳开放大学（岳阳电大）开放教育学院全体教师，向新学员们的加入表示最诚挚、最热烈的欢迎！

同学们，岳阳开大（岳阳电大）是一所以培养德才兼备、有文化涵养的复合型人才为目标的学校，更是一方教书育人的热土。同学们，未来两年的开放教育学习生涯，对你们来说也许是一次全新的人生体验，因此，作为开放教育学院院长，我诚恳地向大家提出三点建议：

第一，勤奋求学，熬墨蓄势。在这物欲横流的社会，驰心旁骛，见异思迁的人是绝不会学有所成的。同学们要改变急功近利的心态，摒弃浮躁的情绪，树立终身学习的思想，不断积累，不断沉淀，进而厚积薄发。

第二，立德修身，全面发展。"国无德不兴，人无德不立"。希望同学们坚持立德为先，修业为主，健康体魄，学会生存、学会做人、学会做事、学会合作、学会生活，培养广泛的兴趣，全面发展，利用好校园资源，把自己培养成一名德智体美全面发展的合格人才。

第三，与时俱进，勇于创新。习近平总书记指出："历史只会眷顾坚定者、奋进者、搏击者，而不会等待犹豫者、懈怠者、畏难者。"世界瞬息万变，与时俱进、开拓创新是这个时代的基本要求。作为岳阳开大（岳阳电大）的学员，你们务必努力学习，勇于变革、勇于创新，永不僵化、永不停滞。

同学们，从今天起，你们就是岳阳开大（岳阳电大）的主人，未来属于你们，你们将在这里启航，播种梦想。我深信，你们一定会收获辉煌的人生！

（本文系作者2019年9月28日在岳阳开放大学<岳阳广播电视大学>2019年秋季新生开学典礼暨优秀学员表彰大会上的发言，时任开放教育学院院长）

附录8：

开启新征程　唱响新精彩

张莉蓉

在这个万物复苏、播种希望的美好季节里，我们岳阳开大（岳阳电大）开放教育处又迎来了一批新学员，迎来了一个新的开始。在此，我谨代表开放教育处全体教师，对各位新学员的到来表示最诚挚的欢迎。预祝大家在岳阳开大（岳阳电大）开启人生新的征程，唱响人生新的精彩！

人间春色本无价，开大耕耘总有情。我们岳阳开大（岳阳电大）座落在美丽的南湖湖畔，校园环境清新而幽雅，是莘莘学子求学读书的宝地，也是有为青年展露才华的好地方。在这里，既有学识渊博、经验丰富的学业导师为同学们在学业上指点迷津，又有勤恳耐心、细致周到的助学导师为同学们在学习上提供支持与帮助。

从事开大（电大）工作以来，我一直担任开放教育的助学老师工作，每年一批批学生走出开大，看着他们依靠在开大（电大）学习打下的坚实基础，在各自的事业道路上获得又一轮新的发展与突破，我深切地感受到了作为一名助学老师的幸福和价值所在。在新学期里，我依然会本着"热心、知心、细心、耐心、开心"的五心服务精神，全心全意、尽职尽责地为同学们提供优质的助学服务。为了帮助大家在开大学习生涯中愉快学习、享受学习、顺利毕业，作为助学老师，我想向同学们提出四点建议：

一要转变学习观念，变被动学习为主动学习。 现代远程开放教育突破了传统的以教师为主的课堂教学模式，实行的是以学生为中心的自主学习模式；从教师与学生面对面的课堂面授转变为以现代信息技术，特别是以互联网为主的计算机网络教学方式。这就需要学员们转变学习观念，变被动学习为主动学习。

二要把握入学教育，做好网上技能培训。要通过入学教育网上技能培训，学会上网注册，查询课程教学大纲、教学重点、平时作业等内容，学会使用开大系统的三大在线学习平台，学会与导师在网上进行BBS答疑和学习交流活动。并掌握QQ群、电子邮件使用等互联网基础技能。

三要树立学习信心，保持学习动力。亲爱的同学们，你们抱着明确的学习目的来报读开大（电大），但是随着学习的深入，不免会遇到学习吃力、考试吃力等困惑。针对这种情况，学校已经采取了行之有效的措施，通过助学导师、课程导师、学业导师的"三位一体"教学模式，帮助同学们去解决学业上的困难与困惑。希望同学们在以后的学习过程中，要树立学习信心，多多与自己的导师进行沟通联系，保持学习动力，战胜学习上的困难。

四要积极参与校园文化活动。为了拉近学员与学校之间的距离，增强学员的归属感，给大家创造一个温暖的精神家园，在过去的一年里，在开大（电大）班长协会的积极配合下，我们开展了一系列丰富多彩的校园文化活动和社会公益活动。其中包括五四红色经典诗歌朗诵大赛，保护江豚的环洞庭湖自行车骑游活动，敬老院献爱心活动、希望小学扶贫助学活动、关爱智障人士活动等等，这些活动被湖南日报、岳阳日报、岳阳经济电视台等媒体争相报道，向社会传递出岳阳开大（岳阳电大）开放教育的正能量，展示了我们开大（电大）学员的良好精神风貌，同时又增进了同学之间、师生之间的美好情谊。希望我们新学员的加入能够为开大的校园文化注入新的生机和活力，并将这种正能量一直传递下去。

新学期的开始，意味着新的希望、新的憧憬。希望同学们坚守自己终身学习的信念和理想，愉快学习、享受学习。

衷心地祝愿各位领导、老师们新学期工作顺利、生活愉快、身体健康！祝学员们学习进步，学有所成！祝我们岳阳开大（岳阳电大）越办越辉煌！

（本文系作者2013年3月24日在岳阳开放大学<岳阳广播电视大学>2013年春季新生开学典礼暨优秀学员表彰大会上的发言，时任助学辅导员）

附录9：

攀登智慧高峰　开启成功大门

王　丹

　　人生处处皆起点，相逢开大即是缘。首先，请允许我代表学校全体教师对新学员的到来表示最诚挚、最热烈的欢迎！今天，我校举行庄严隆重的开学典礼，学校领导庄重出席，全体教师悉数到场，证明了学校对全体新学员的高度重视，有这样的关注和支持，我想，在座的各位学员一定对未来充满了信心和希望！

　　现代远程教育的特点是以学生自学为主，教授为辅。国家开放大学有着丰富的教学资源，让同学们能轻松，方便地进行学习。作为辅导教师，我们会与大家一起努力、共同成长，我相信，通过我们师生双方共同的努力，大家一定会以优异的成绩完成各科学业。借此机会，我想对大家提出三点建议：

　　一是希望广大学员及时转变角色，端正态度，全身心投入到学习中来。同学们来自各行各业，在社会上都扮演着各自的职业角色。如今，走进开大（电大），你们将重新扮演起学生的角色，读书学习是你们人生的重要任务。希望同学们自觉融入开大（电大），沉下心来认真学习，致力于所学专业知识，提高自身综合素质。从报到开始，到其后的注册，课程学习，考试，论文，我们助学老师将陪伴大家一起经历这场非凡的学习之旅，直至大家顺利毕业。希望同学们能够积极配合教师，共同搞好学习，共同完成好既定教学任务。

　　二是希望广大学员处理好工学矛盾，科学规划学习时间。要根据自身学习情况，合理安排好工作与学习的时间分配。既不能因为工作原因就不学习，也不能因为学习而影响了正常的工作，正确处理好这两者之间的矛盾。希望大家发扬奋斗进取的精神，努力克服困难，在开大（电大）学习中获取实实在在的进步与提高。

　　三是希望广大学员调动学习的热情，全面掌握学习方法，借助各类教学媒体和开大师资力量，实现学习效果最大化。开大（电大）的网络学习资源是非常丰富的，除了海量的网络图书资源，还有国内外名师的精品视频公开课，涵盖了科技、文化、艺术、经济各个领域，在今后自学的过程中大家要充分的利用好学校所提供的丰富的学习资源，使自己的学习能事半功倍。

　　每当看到一届届学生毕业后在事业中取得了新的突破，迈上了新的台阶，我们都会感到由衷的高兴，这是对岳阳开大（岳阳电大）的肯定，也是对我们助学老师工作的肯定。请各位学员放心，在今后的学习生活中，我们一定会本着"知心、耐心、细心、关心、爱心"的服务宗旨，全心全意、尽职尽责，为同学们提供全面优质的助学服务，帮助你们顺利地完成学习任务，保证全体学员学有所获、学有所成！

　　同学们，一年之计在于春，春天是希望、是憧憬、是决心。让我们带着美好的愿望，以饱满的精神投入到以后的开放教育学习中，用勤奋去攀登智慧的高峰，用知识的钥匙开启成功的大门。祝同学们健康成长，学习进步，心想事成！祝愿岳阳开大（岳阳电大）越办越辉煌！

　　（本文系作者2014年3月30日在岳阳开放大学＜岳阳广播电视大学＞2014年春季新生开学典礼暨优秀学员表彰大会上的发言，时任助学辅导员）

附录10：

无悔选择　圆梦开大

徐　燕

　　我叫徐燕，是2012秋行政管理专业的一名学员。很高兴今天能有机会站在这里，和大家分享我在岳阳开大（岳阳电大）学习生活的收获和感受，也希望我的一些体验和经历能对大家有所帮助。我来岳阳开大（岳阳电大）几年前就开始了管理工作，现在在岳阳市社会福利院老年部工作。在福利院领导的鼓励下，我于2012年秋季加入了岳阳开大（岳阳电大）这个学习平台。经过一个学期的学习，我不后悔当初的选择和决定。借这个机会，我要真心的感谢岳阳开大（岳阳电大）的各位领导和老师们，在学习期间对我的帮助和无私的指导，让我变成一名大学生，实现了我离开高中以后原本破灭了的大学梦，弥补了我二十年前未能上大学的遗憾！

　　一个学期以来，我紧紧抓住迟到的学习机遇，利用一切空余时间，克服工学矛盾，积极参加学校组织的面授课程，老师们生动、细致的讲解，师生之间积极的互动，不但使我结识了不少良师益友，同时也化解了我在自学过程中所遇到的疑难问题。找到了很多工作中的不足，受益匪浅！学校经常组织的一些讲座，使我对政治、经济、文化、时事等等各方面加深了自己的认识。在岳阳开大这个轻松、愉快的学习环境中，在岳阳开大这个团结、勤学、积极向上的集体里，我感到我不停地在成长、不停地在进步！

　　记得上学期开学的第一天，我领到崭新的教材，就在想这厚厚的一摞书，到底怎么去学，考试能否通过。很快，我就从《开放教育指南》上找到了答案，同时我从我上大学的侄儿那里了解到，大学学习主要是靠自己，所以我积极制订了全面的学习计划，买来了电脑，开通了网络。我来岳阳开大（岳阳电大）的初衷并不为了一张毕业证书，而是为了系统地进行理论知识学习，以便在实际工作中更具系统性、科学性、创造性。期末考试是检验一个学期以来的学习成果，所以我工作之余排除一切娱乐活动，认真阅读课本知识，对于课本上的知识重点、难点进行标识并反复思考，不理解之处在老师面授课上请老师加以指点，对于课后习题一题也不放松，及时按课本完成作业。我原本是一个电脑盲，现在我能熟练操作电脑，在开大网络平台上进行在线视频学习，我也有了自已的QQ号码，能在群里和老师、同学们进行网络交流。上学期，我以优异的成绩通过了所学科目的全部考试，我在内心里为自已努力和付出得到的收获感到无比的自豪，前所未有的成就感。使我暗下决心，要更加用心完成以后所有科目的学习，实现自已的梦想！本学期，我们单位又来了三名同志加入"岳阳开大（岳阳电大）"这个大家庭，其实我们中间有些人本来就具有大专甚至本科学历，他们来这里都是想在专业理论知识上不断提升自已，不至于被社会淘汰。

作为一名开大（电大）学员，我现在想要告诉大家的是：你们今天的选择是正确的！岳阳开大（岳阳电大）曾经在2010年被评为全省示范性市州电大，2012年被评为全国示范性地市级电大，并在"中国好教育"2012年度教育总评中荣获"2012年度最具影响力基层电大"，成为全国五所获此殊荣的基层电大之一。选择岳阳开大（岳阳电大），你就选择了人生新的起点。

最后，我代表所有的在校学生，向新同学表示诚挚的问候和最热烈的欢迎！你们的到来为岳阳开大（岳阳电大）的学生队伍注入了新的活力，岳阳开大（岳阳电大）因为你们的加入会更加精彩！

（本文系作者2013年3月24日在岳阳开放大学<岳阳广播电视大学>2013年春季新生开学典礼暨优秀学员表彰大会上的发言，系2012秋行政管理专业专科学员）

附录11：

攻读开大强素质　学有所成创未来

胡栋豪

今天，在全国人民众志成城，共克时艰，在抗击新冠疫情取得阶段性胜利的伟大时刻，我们岳阳开大（岳阳电大）2020秋部分新生齐聚一堂，在这里隆重举行2020秋新生开学典礼。作为3000多名新生的代表站在这里发言，我很荣幸，也很激动。

我是胡栋豪，数控技术大专班学员，在岳阳科美电磁铁有限公司上班，来开大（电大）学习的原因有三个：一是在两年多的工作中遇到一些难题需要解决，却因为学历无法突破。二是兴趣所在。我曾在中南工业技师学院学习，多次参加湖南省数控模拟比赛，两次获湖南省一等奖，虽然数控操作获得了奖，但深感自己专业知识有待提升。三是学习本该是伴随我们一生的事情。正如我第一次步入岳阳开大（岳阳电大），映入眼帘的校训"生而永学，学而永生"所表达的一样，当知识撑不起梦想的时候，我们必须停下来学习。

此刻，站在开学典礼庄严的主席台上，面对领导、老师和同学们，我决心在未来的学习期间做到以下四点：

一是牢固树立终身学习的理念。活到老，学到老，生活在信息时代的我，因为有这样的信念，我走进开大（电大）；因为开大（电大）的学习，我更加坚信这样的信念。让学习伴随一生，终身学习，学习终身。

二是全面掌握开大（电大）学习的模式。开大（电大）是教育部直属的高校，以现代信息技术为支撑、采用广播、电视、文字、音像教材和计算机网络等多种媒体进行现代远程开放教育的高等学校。开放教育有着自己独有的理论、模式、规律和方法，我将深入学习，全面把握，尤其在疫情肆虐的当下，我一定积极参加到直播课、网课的学习中去。

三是刻苦攻读所学专业知识。我一定克服工学矛盾，合理分配时间，刻苦攻读，掌握专业理论、专业知识和专业技能，圆满完成专业学习任务。学习期间，我还会积极参加学校、院部组织的各种学习、文体、公益活动，服务同学、服务社会。

四是学用结合，活学活用。开放教育特别重视实践环节教学，注重理论知识和实际操作的结合，在实践中学习、在交流中学习。我将努力把书本所学运用到实际工作中去，指导实践，并在以后的工作实践中检验、提升专业理论和知识，使理论和实践、学习和工作有机结合，无缝对接，高度融合。

同学们，我相信在各位领导和老师的悉心教导下，我们一定学有所成、学有所乐。今天，我们以开大（电大）为荣；明天，开大（电大）将以我们为荣。

最后，请允许我将深秋的第一个祝愿送给大家。祝开大（电大）越来越兴旺！祝所有领导、老师工作顺利，万事如意！祝所有同学学有所成，前程似锦！

（本文系作者2020年10月17日在岳阳开放大学<岳阳广播电视大学>2020年秋季新生开学典礼暨优秀学员表彰大会上的发言，系2020年秋季数控技术专业专科学员）

附录12：

关于二王村环境保护的调查报告

岳阳开放大学（岳阳电大）2010级农村行政管理专业专科学员 王 恒

二王村是岳阳市经济技术开发区的行政基层组织，位于岳阳市至京珠高速连接线9公里"道长"线以西，全村面积约3平方公里，其中水田735亩，旱地485亩，全村人口946人，共321户。随着区域的调整，按照"生产发展、生活宽裕、乡风文明、村容整洁、管理民主"的建设社会主义新农村总要求，对全村的生态环境作了调查，总体上讲经济社会发展与生态环境的矛盾比较突出，村民环境保护意识谈薄，重经济效益。

一、二王村环境污染基本状况

1.村民燃料结构不合理产生的环境问题。二王村是典型的江南丘陵地貌，目前，村民小农意识严重，能源的利用主要是薪柴，液化气、沼气等清洁能源使用率不高。这种小农生活习惯和生活方式，浪费木材、破坏植被，造成空气污染，影响村民的身体健康。

2.畜禽养殖业产生的环境问题。随着城市环保意识不断加强，监管力度加大，一些畜禽养殖户将目光投向近郊村庄。村民对环保观念的淡薄，特别是乡村旅游"农家乐"兴起，全村现有农家乐大小18个。养殖场的粪便和污水随意排放，致使养殖场附近地下水及空气污染，村民自身散养的牛粪、猪粪、鸡粪放在自家地坪或路边，空气造成污染，为病毒产生提供场所影响村民身心健康。

3.村民生产生活污染产生的环境问题。由于生产、生活需要塑料棚膜、方便袋使用量增多，随意丢弃的农膜及各种塑料弃物极难降解，且降解过程中还会渗出有毒物质，严重改变了土壤物理性质，阻碍了农作物生长、土壤翻耕，对土壤及农作物危害很大。

4.工业排放物污染产生的环境问题。近几年来，随着城市东移，乡镇企业的发展，民营工业企业和一些"小作坊式"的加工厂涌入城郊及周边村镇发展。由于分散隐蔽，污染难以监管和治理，工业废水、生活废水和垃圾，影响农村环境不可忽视。另外，化肥的大量使用也使土地的依赖性越来越强，导致土壤板结，有机质下降，特别是化肥流失率高，造成了对水域的污染，甚至空气的污染，破坏了农村生态环境。

5.土地开发给环境造成的影响。近年来，随着近城优势的不断突出，我村土地不断开发、征用，造成树木、林场被毁，水土流失严重，村民、村组之间扯皮、闹事增多，给社会带来极不稳定因素。

二、二王村造成环境污染的主要原因

1.村民整体环保意识淡薄。环保意识不强，重视经济，忽视农村环境保护与建设。另外，农业生产和农民生活方式不够科学，小农意识严重，对环境效益、资源利用、公共环境可持续发展观念意识淡薄。

2.农村环境设施建设投入不足。村民环境改善，特别是基础设施的建设，需要资金投入。由于村民解决温饱后，忙于改善生活设施，要搞生活污水、垃圾处置等环境基础设施建设，则更是捉襟见肘，没有正向引导村民，顺其自然乱堆、乱放、乱丢，清洁靠风刮，污水靠蒸发。

3.村民环境治理合力还未形成。由于缺乏统一规划和组织领导，缺乏农村环境保护的长效管理机制和体制、政策、资金、技术支持力量分散，更谈不上农村环境执法，环境规划的制定和执行在我村是一个盲点。

4.村民饮用水源保护的矛盾突出。由于村民分散居住，为了生产、生活需要，养殖的畜禽饮水与村民饮用水无法分开，即使少数村民自家打井取水，也无法保证水源无污染，给疾病传播增加通道，防疫带来很大障碍。

三、加强对二王环境改善治理的建议

改善农村生态环境，提高农村可持续发展能力，合理利用资源，为农民创造清洁、舒适的生产、生活、宜居环境，是社会主义新农村建设的主要任务，更是一个工作者的责任。为此，特对我村环境保护提出如下对策与建议：

1.根据政策结合实际，制定村环境保护规划。建立环护长效机制，保护环境对促进经济快速可持续发展、加快、推动新农村建设意义重大，应提高认识，形成共识。通过村民代表大会，结合实际，制定切实可行的环保村规民约，明确目的，落实责任，建立本村环境保护长效机制，保进本村稳步、健康、快速发展。

2.加强教育，提高环境保护观念，防治生活污染。要把提高村民环境意识作为精神文明建设的重点和主要内容，从治理"脏、乱、差"入手，通过组织各种群众喜闻乐见的科普宣传和小品活动，破除陈旧的生产、生活陋习，大力倡导科学、文明的生产、生活方式和绿色生产、消费观念。建立生活垃圾站，分类管理，走经济、社会、生态可持续发展之路，积极开展"清洁水源、清洁家园、清洁田园"重点的清洁家园行动，使村民自觉加入到环境治理行动中来，使村民认识到环境治理，关系自己切身利益，需要大家的共同参与和奉献。

3.以产业调整为契机，解决农业面源污染问题。大力发展高效、生态和安全农业，积极推广测土配方施肥，引导村民科学使用化肥、农药等农业投入品，依靠科技，推广清洁能源和可再生能源的开发利用，优化能源结构，提高能源使用效率，推广沼气、秸秆气化、太阳能、电气化等，清洁能源新技术进家庭。

4.大力推进城镇化建设，科学规划，合理布局。根据区域特点统一规划，建立村民居民点、工业园区、养殖区，使村民逐步走上城市化建设道路。植树造林，庭园种花、种菜，栽果树，保持水土，绿化村庄、家园。

5.水是生命之源，以村民饮用水源安全为首要任务，建立或引进自来水。村民居住比较分散，全村建立一个水厂或引进自来水，从源头上解决人畜共饮，加强工业污水及养殖场污水管理，发展循环经济，从源头上减少污染排放。

6.建立村级环境保护长效管理机制。村民环境保护观念淡薄、无法律意识，农村环保是一项综合性、复杂性、艰巨性、长期性的重要工作。农村环境综合整治涉及面广，工作要求高必须依靠村民，加强组织领导，发动群众建立齐抓共管的管理工作机制，争取资金、多立项目、共同参与。

二王村环境问题不仅仅是单纯的环境问题，同时还是一个文化与思想观问题，一个涉及到本村群众生产、生活方式变革问题，更是社会主义新农村建设问题，需要各方协同，联合推进，共同参与和奉献。让农村发展，农民群众得益、受益，让我们一起行动起来。

（本文完成于2012年5月30日，指导教师：苏快群）

附录13：

幼儿园大班主题活动设计——认识"大自然"

岳阳开放大学（岳阳电大）2010级学前教育专业专科学员　陈圆春

一、主题来源

今年三月份，天气连续阴雨，幼儿在园对这种气候很不适应。大班班长对老师说，我们有几天没有做课间操了，外面下雨，只能在室内活动。于是，也听到幼儿对这种现象的许多议论。有的小朋友说："下雨是太阳公公遇到了不顺心的事，在流眼泪。"有的小朋友说："也可能是太阳公公生病了，请了假才没有上班。"我为了尊重小朋友的见解，肯定了他们的说法，并解释这是一种自然现象。针对这一情况，我带小朋友参观了气象站，了解气象站是怎样预测天气变化的。小朋友在气象站看到了一些记录预测天气变化的仪器及乌龟、蛇等动物。他们对大自然这一主题很感兴趣，急于知道大自然形成的这些知识。随着活动的深入，这个主题就这样产生了。

二、设定理由

大班幼儿对大自然的形成已经有了一定的认识，但对这个主题中的一些问题体现在生活中，有些带科学性的，他们都会好奇地去问，好奇地去看，他们有浓厚的兴趣，想去了解大自然的许多事物。因此，引导幼儿全面地了解、认识大自然，学会利用大自然来调节自己的生活，增强自我保护意识，是十分必要的。

三、主题目标

1.认知层面的目标。让幼儿知道大自然的形成，了解天体宇宙的关系，认识风、雨、雷、电及天气变化的道理，还能了解大自然与人们的生活有密切的联系。

2.理想层面的目标。通过对大自然的认识，了解人们能利用大自然的有利条件为人们的生产生活服务，在幼儿中萌发长大后科学地利用大自然的有利条件，更多更好地应用于生产生活中及大胆设想改造大自然的理想。

3.行为能力层面的目标。学习适当的方法，适应大自然有关条件的变化，在自然灾害中有一定的自我保护能力，并且利用学到的自然知识，身体力行地保护自然环境。

四、主题价值说明

幼儿对老师提出许多不懂的自然现象。有一次，大班何熙同学问老师，我妈妈把湿衣晾在外面，太阳一晒就干了。这是幼儿随着年龄的增长，到5—6岁读大班，就有许多好奇的问题在头脑中思考，有的甚至问自己的大人"为什么"？从此，可以看出幼儿对大自然充满好奇心和探究欲。他们对宇宙天地中的无穷奥秘，生活中的奇妙现象及对大自然的神秘，科学家的伟大，是现代教学的重要内容，也是"大自然"主题教育价值的所在。

幼儿通过对主题的学习，初步感受大自然对植物生长，及人们生活、生产的影响，初步理解简单的物理现象，初步了解人类与环境的相互依存关系，身体力行地关心保护环境，尝试简单的认知方法发现问题，具有初步的认识和理解能力。但要注意的是，让幼儿获得知识并不是我们的主要目的，而让他们的眼睛永远放射探索的光芒，心灵永远保持探索的热情，对生活着的世界满怀新生和惊奇；这才是我们孜孜以求的目标。

五、主题环境创设

（一）天体运动
1.做一个大的宇宙背景，收集各种宇宙飞船的图片。
2.幼儿设计的宇宙飞船图画（包括太阳、月亮、地球、星星）。
3.办一个我们的发现专栏，收集师幼家长共同发现大自然的秘密资料，贴在专栏阅览（如小水滴旅行记）。

（二）利用活动室或封闭走廊的空间墙体，设计春、夏、秋、冬主题墙

季节	季节与人的关系	季节与植物的关系	季节与动物的关系	其　他
春	1.春季服装特点 2.各种种子	春季的花和树	春季活动频繁动物	农活繁忙
夏	1.夏季服装特点 2.雷雨与安全	1.夏季的花和树 2.夏季水果	夏眠动物	温度计显示夏天的温度
秋	1.秋季服装特点 2.秋游活动照片	1.秋季的花和树 2.秋季的水果	大雁排队	丰收的景象
冬	1.冬季服装特点 2.雪人谜语 3.冬季运动	1.冬季的花和树 2.落叶与常绿树	1.冬眠动物 2.为什么看不到燕子	1.温度计显示冬天的气温 2.怎样取暖
其他	1.天气预报 2.幼儿描绘四季作品 3.十二个月与四季的对应	春播秋收图片	南极与北极的动物（企鹅）	生产、生活安全

六、主题网络设计

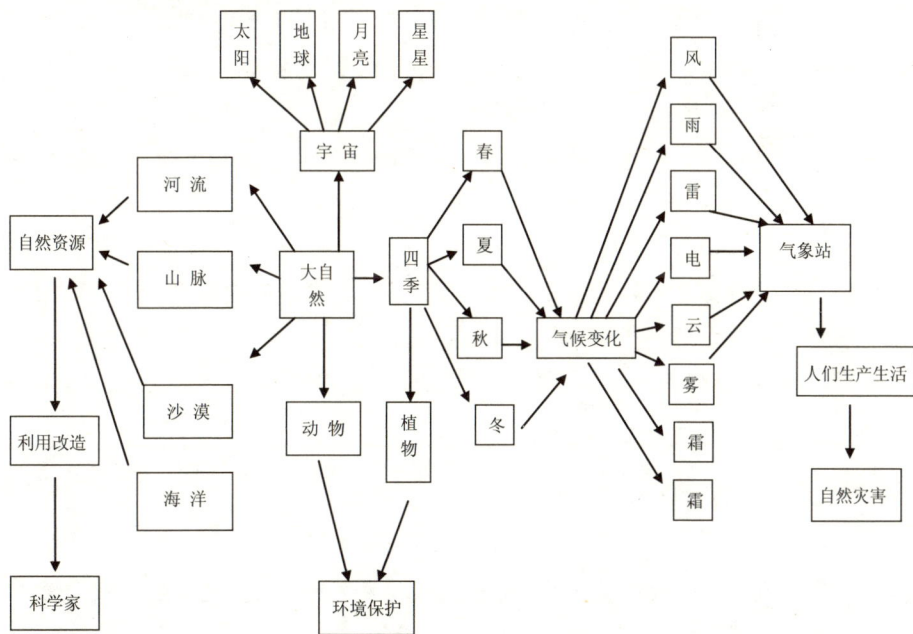

以"大自然"为中心社会科学性教育活动主题网络图

七、单元活动方案（一）

单元活动名称	天气预报（大班1—3周）
设定理由	大班幼儿随着年龄的增长，思想意识也在增强，对生活中的事物有求知欲，有的幼儿向老师提出，为什么天有时下雨，有时天晴的问题，为了使幼儿对这些问题有初步地了解和认识因而选择这一课题。
活动目标	1.对天气变化充满好奇，对天气预报感兴趣； 2.能看懂常用的预报标志； 3.感知天气变化与人们日常生活的关系，了解一些简单的气象知识。
活动准备	1.指导幼儿在家经常看电视节目天气预报了解一些气象方面的知识。 2.制作各种天气标志，百叶箱、风向标。 3.操作材料《会变的温度》。
活动过程	1.提问：你昨晚看电视节目，湖南卫视预报岳阳地区的天气情况是怎样的。 2.观看天气预报，了解各种天气。 3.了解天气预报的由来。 ——引导幼儿讨论，每个城市的天气不一样，人们是怎样知道这些天气的； ——教师出示百叶箱、气象卫星画面，百叶箱有什么用途； ——播放课件，百叶箱、风向标、气象卫星画面的用途； 4.游戏天气预报； ——猜标志，教师出示各种标志，幼儿说出相应的天气； 岳阳： 游戏规则：一个城市出示一个标志，幼儿举手抢答； ——师幼共同游戏； 5.了解天气变化与人们生活的关系； ——出示图片：1.妈妈晒衣服；2.发黄的树苗；3.滑雪、4.撑伞上学从这些图中你能看懂什么意思。 ——灾害性天气：台风、风暴、水灾、冰灾、过冷、过热、干旱。 ——教师小结； 气候的烃化与人们的生产生活关系很密切，世界上万物生长都需要多样的气候条件。但有些持续时间长的过冷、过热、干旱、小涝都会给人民的生产生活带来灾害。

单元活动名称	天气预报（大班1–3周）
相关材料内容	美工区活动：天气预报表。 材料：软硬不同的纸、蜡笔、剪刀等。 制作过程： 1.长方形硬纸作天气预报表底板（见图，写有星期的卡片）表示天气的图案如太阳、雨、无多云、阴天。 2.底板上留有空档，用来插当天的天气卡和日期卡。 3.请幼儿预报天气，并插上当天的天气卡和日期卡。
活动延伸内容	1.下雨的前兆； 2.小水滴旅行记； 3.气候与动物； 4.风儿和我做游戏； 5.晴天和雨天。

（一）单元活动方案一说明：

天气预报本不是孩子们很关心的事，但通过这一活动的教学，幼儿对天气预报开始关心起来。一般孩子们喜欢晴天，讨厌雨天，晴天能在外面活动。每天晚上他们就迫切想知道第二天是什么天气，而自觉地去收看天气预报。把从活动中学到的知识，如对气象标志的认识，在看天气预报时得到应用。有些留守儿童都是由爷爷奶奶带的，他们的爷爷奶奶又想了解天气的预报，又不认识气象预报的标志，这些幼儿都当起了小先生，告诉爷爷奶奶怎样收看天气预报。这样，就培养了幼儿的成就感。在活动中，通过游戏、猜标志和制作天气预报表，也激发了孩子们的兴趣。同时，在活动中，听老师讲述气象台叔叔阿姨预报天气，与人们生产生活带来很多好处，引导幼儿对他们产生敬佩之情，从而自己从小树立美好的理想。

八、单元活动方案

单元活动名称	动物预兆要下雨了
设定理由	大班幼儿尹泽恩一天早上来到学校，一本正经地说："老师，今天要下雨。"我有意激发他说："吹牛，你怎么知道今天要下雨。"我奶奶昨天傍晚说的，她说我家的大母鸡带着小鸡天黑了还不进鸡窝，肯定明天要下雨了。我故意逗他；你能说出其中的原因吗？他摇头说，反正是我奶奶说的。针对这个孩子在现实生活中产生的话题，我选择了这一内容作为单元活动课题。

单元活动名称	动物预兆要下雨了
活动目标	1.对动物能预兆天气变化感兴趣。 2.能观察动物与气候变化的反常现象。 3.了解一些民间简单的气象谚语。
活动准备	1.自制动物与气候变化的反常现象挂图。 2.收集民间气象谚语。 3.教学CD（动物与气候）
活动过程	引导幼儿谈话，导入活动。 ——夏天，经常会有雷雨，要是出门在外劳动，就可能被雨淋湿衣服，怎样才能知道天要下雨呢？ ——幼儿交流。 可以看天气预报，除了看天气预报，还可以从哪里来了解，谁还给我们预报。（有意识地叫尹泽恩回答这个问题） 幼儿尹泽恩的回答是我的奶奶说我家的母鸡能给我们预报天气。 ——进入主题，今天我们就来学习《动物预报天气要下雨了》 教师播放教学CD《动物与天气变化》 幼儿观察视频提问：哪些动物能预报天气？乌龟背上为什么出汗，燕子低飞说明什么？蛇挡道，鸡晚了不进窝，喜鹊洗澡，青蛙大叫这些都说明什么？ 教师小结：这些动物之所以在下雨前有异常的表现，是因为空气中湿度大，气温闷热，造成要下雨的前兆。 ——引导幼儿迁移经验。 家里的冰箱出汗，墙面渗水等现象同样是预兆天要下雨的迹象。 ——游戏巩固知识。 1.放三段音乐视频：分别是天晴、将要下雨、下雨的三个场景，让幼儿体验。 2.思考如何估计下雨，将做什么准备。 3.美工练习，用纸折雨衣、画小伞。
活动拓展 与延伸	1.暴雨带来的自然灾害。 2.《共伞》小故事，互相帮助。 3.民间气象谚语： 燕子高飞晴天到，燕子低飞雨来到。 小鸡晒翅，马上雨至。

（二）单元活动方案二说明：

5—6岁的幼儿，一提到小鸡、小鸟、乌龟、青蛙、蜻蜓等动物都是非常感兴趣的。把他们的这一兴趣引到动物与气候的联系这个新的感知中，基本解决幼儿在现实生活中怎样简单地预测天气要下雨的这个难题。特别是幼儿尹泽恩对母鸡天晚不进窝天将下雨的这一现象会深深地烙在心中。我选择这一课题，把这一知识进一步扩展，激发全班幼儿的兴趣，从而起到了从兴趣中求知的作用，还会培养幼儿从小学会观察事物，理解事物之间的互相联系的好习惯。

九、主题评述

大自然在儿童的眼里丰富多彩，乐趣无穷。以大自然主题活动为课程内容时突出了课程内容即教材的取向；课程内容即学习活动的取向；课程内容即学习经验的取向。

设计思路注意了如下几点：一是让幼儿了解大自然作为向儿童传递知识和技能，注定了内容的基础性。二是主题内容与社会生活的联系，有利于幼儿了解社会，接近社会，并学会一些与社会生活相贴近的知识和技能。三是主题内容与儿童发展特征相结合，活动方案中让幼儿做天气预报游戏，就是充分激发儿童的兴趣，适应儿童需要与技能操作。

我在课程内容的组织上，抓住了课程组织的三个基本原则。活动方案，天气预报的教学后，延伸内容设计到"下雨的前兆"，从而体现了课程内容组织的顺序性。"小水滴旅行记"以讲故事的形式突出语言教学；记录天气变化运用到数学学科的数数知识；制作天气标志设计到美工方面的基础知识。加强学科的横向联系从而体现了课程内容组织的整合性。从主题内容的网络设计中，设计思路始终是直线联系。甲内容与乙内容之间是直接叙述而不重复，也从而体现了课程内容组织的顺序性。

综上所述，以大自然为中心的活动方案是儿童学习的活教材，天气预报这个内容是与大自然有联系的。它的独特之处是：儿童在接受这一知识是生动的、直观和鲜明的。儿童学起来兴趣浓厚，容易接受和理解，有了现实生活中的认识，再加上书本知识的联系，把间接形式化的书本知识变成现实生活的写照。

在这个主题里，我紧紧抓住了以下五点：

1.我把幼儿提出的关于天气连续阴雨是为什么的问题当做引发儿童认知为诱因，激发儿童对"天气预报"这个主题内容产生探究和冲动的兴趣。下雨前兆中鸟、龟为什么出汗了？燕子为什么低飞？这就是引发认知的准备阶段。

2.把幼儿带到气象站参观，这是让幼儿在亲历过程中去感受认知的愉悦，从而达到体验向情感的迁移。

3.在主题活动中，我以美工的形式，让幼儿制作天气预报标志，为幼儿提供实践操作的机会，让幼儿把制作的标志摆在桌子上，与同桌互相欣赏，从而体验与人共处的快乐，使幼儿有良好的自我意识和成就感。

4.在主题活动中，让幼儿分组做天气预报的游戏，幼儿通过认识天气的标志，积累了有关天气变化的经验。当看到一片云朵下面有半个太阳的标志，幼儿马上作出了阴天多云的预报。为了体验儿童具备的这一知识，我有意地在一个阴天的早上，让幼儿站在操场上看东方的太阳被云遮住这一现象，幼儿异口同声地说："老师，今天是阴天多云。"这就充分证明幼儿经验积累在新问题情境迁移知识产生的正确行为。

5.讲故事是幼儿最喜欢的活动，主题活动的延伸，"小水滴的旅行"就是以讲故事的形式来引发幼儿对雨的形成的探究，认识水的循环这一自然规律。当天晴时，太阳晒到水面时，幼儿就会去观察水面上冒出的气体，这些气体升到空中会变成云，云聚多了就会凝固成小水滴落下来。幼儿通过这一知识的迁移，对晴天和雨天有明确的理解，幼儿把知道的理论应用于实践，从而对幼儿的教育中重视了认知的迁移和良好的社会性行为的落实。

总而言之，我认为，课程主题内容的设计思路是多样的，只要从儿童的实际出发，符合儿童发展的特点，教师以任何教学手段、任何活动形式来实施课程内容的知识传授，达到儿童的德、智、体、美劳诸方面的发展，就是有效的教育。

【参考文献】

[1]朱家雄.幼儿园课程论［M］.北京：中央电大出版社，2007.

[2]甘剑梅.学前儿童社会教育［M］.北京：中央电大出版社，2007.

[3]徐远征.多元整合幼儿园教育活动资源包［M］.北京：高等教育出版社，2010.

（本文完成于2012年5月30日，指导教师：颜素芳）

附录14：

利率市场化对国内商业银行的影响及其对策

岳阳开放大学（岳阳电大）2010级金融学专业本科学员　李锦辉

　　利率市场化是金融机构在货币市场融资的利率水平由市场供求决定的过程，它包括利率决定、利率传导和利率结构等诸多方面的市场化。对商业银行来说，利率市场化是指存、贷款利率由商业银行根据市场的资金供求变化来自主调节，最终形成以中央银行基准利率为引导，各种利率保持合理利差和层次，并形成有效发挥利率调节作用的传导体系。20世纪70年代，美国经济学家罗纳德·麦金农（R.J.Mckinnon）和爱德华·肖（E.S.Show）针对当时发展中国家普遍存在的金融市场不完全、资本市场严重扭曲和政府对金融的"干预综合症"等状况首次提出金融自由化。金融自由化理论主张改革金融制度，减少政府对金融的过度干预，放松对利率的管制使之市场化，从而使得利率反映资金供求，促进国内储蓄率的提高，最终达到抑制通胀，刺激经济的目的。金融自由化理论经历从金融深化到金融自由化次序理论。前者认为，放松政府部门对金融体系的管制，尤其是对利率的管制，使实际利率提高，以充分反映资金供求状况。后者认为发展中国家金融深化的方法及金融自由化是有先后次序的，如果金融自由化按照一定的次序进行，就一定能够保证发展中国家经济发展的稳健性。

　　今年初，中国中央经济工作会议提出要深化利率市场化与汇率形成机制的改革。十二五规划也明确指出，将稳步推进利率市场化改革，加强金融市场基准利率体系建设。稳定的宏观经济环境，独立的市场经济主体为我国利率市场化改革奠定了基础。随着改革条件的成熟，针对利率管制的利率市场化改革将利率的决定权交给市场，由市场主体自主决定利率，央行则通过运用货币政策工具，间接影响和决定市场利率水平，以达到货币政策目标。

一、我国利率市场化的进程

上世纪90年代后期，我国开始着手推行利率市场化改革，并将稳步推进利率市场化改革作为我国金融改革的重点。我国的利率市场化改革总体思路是先货币市场和证券市场利率市场化，后存贷款利率市场化。存、贷款利率市场化的顺序为"先外币、后本币；先贷款、后存款；先长期、大额，后短期、小额"。截至目前，我国的利率市场化的进程主要经历了以下几个阶段：

表1 我国的利率市场化的进程

	第一阶段	第二阶段	第三阶段
时间	1986-1996	1991-1999	2000-至今
标志	银行间拆借利率形成	放开债券市场利率	存贷款利率的市场化
步骤	专业银行资金可以拆借，拆借期限和利率由借贷双方协商；确定拆借利率实行上限管理；生成中国银行间拆借市场利率	国债发行的市场化尝试；放开银行间债券回购和现券交易利率；放开银行间市场政策性金融债、国债发行利率	境内外币利率市场化；人民币贷款利率市场化；人民币存款利率市场化

二、利率市场化对商业银行的影响

利率市场化是我国经济金融市场化和国际化的必然结果，其对经济金融改革和建设的重要意义不言而喻。对于商业银行而言，利率市场化的积极意义在于它将促进金融市场的深化发展和金融机构之间的公平竞争，为银行业快速发展和多元化经营创造良好的外部环境。同时，由于我国银行业受国家制度的约束，影响宏观调控因素较多，导致其实时应变能力相对较弱，一旦进行利率市场化将会给我国商业银行带来巨大挑战。

（一）利率市场化给商业银行带来的机遇

1.利率市场化使商业银行的资金流动合理化和效益化。在利率管制的情况下，管制利率通常小于均衡利率，因而会出现超额资金需求，在无法提高利率的情况下，必然出现银行业的信贷配给、寻租行为、资金黑市等扭曲资源配置的机制，结果是资金分配到效率低的部门，从而加剧了资本供给的短缺和增加了银行业的不良资产，最终可能引发严重的通货膨胀。而利率市场化后，均衡利率是由市场资金供给和需求决定的，不存在超额的资金需求，相对减少了银行的腐败行为。

2.利率市场化增加了商业银行自主定价的权力。商业银行可以根据企业信用等级和项目的回报率、风险水平等灵活掌握利率，使投资项目的收益性和安全性保持对称，如根据企业的资产规模，风险防范等将企业的信用评级分为七档，然后根据档次的不同确定利率。利率市场化使商业银行真正根据市场利率变动及资金供求状况进行主动调整，以实现现代企业的最终目标即利润最大化。另一方面，商业银行自主决定交易价格，价格竞争将是商业银行的主要竞争方式之一，通过价格竞争逐渐形成比较完善的优胜劣汰机制。

3.利率市场化扩大商业银行的市场占有率。利率市场化后，有可能出现以较高的贷款利率贷给信用等级较低的主体，这部分客户可能原本是民间金融的客户，从而利率市场化后有可能进一步打击民间金融体系以及较小规模的银行，这样的结果可能会导致大银行进一步扩大市场占有率。同时，利率的市场化将催生金融衍生工具的出现和发展，而商业银行为防止同业竞争和与其他金融机构竞争的压力，也必将致力于开拓新的金融工具，这将大大增加商业银行的业务品种。

4.宏观上来说，利率市场化可以动员储蓄，并刺激储蓄转化成投资。利率市场化将带来反映现实资金供求的均衡利率，在均衡利率的作用下，人们会根据均衡利率的调节决定持有的货币是用来储蓄或消费，这不仅减少了我国储蓄的成本，同时也增加了消费需求。投资动机也是与均衡利率相挂钩的，正常的均衡利率能给理性投资带来帮助。

另外，利率市场化也可能有助于缓解房地产市场泡沫破裂对银行业的冲击。当房地产危机出现时，银行就可能以金融安全为由来压低存款利率，同时又抬高贷款利率。利率市场化，也可能成为调节直接融资和间接融资各自占不同时期的融资比例的作用，当直接融资较为困难时（股市低迷时），那么对银行贷款的需求可能上升，进而导致贷款利率的上升，这样又可以提升银行业绩，进而拉高银行股价。

（二）利率市场化给商业银行带来的挑战

1.利率市场化将威胁到商业银行的利润空间。一直以来，国内商业银行主要的利润来源是存贷款利差，利率市场化下将使银行传统的信贷利率差模式的盈利方式受到影响。随着利率市场化的推进，金融机构之间的价格竞争日趋激烈，如果缺乏有效的存贷款定价机制，可能会造成商业银行存贷款价格过度竞争的局面，从而影响金融秩序的稳定，并导致金融机构因价格消耗而陷入经营困境。如何应对利差空间缩小带来的历史性冲击将是国内商业银行面临的重要课题。

2.利率市场化将增加商业银行的利率风险。商业银行的利率风险是指在贷款本息能正常偿还的情况下，由于利率的变化而给商业银行带来的净利息收益损失的可能性。在管制利率体制下，各商业银行都按照中央银行规定的利率水平吸收存款、发放贷款，利率风险并不明显。而利率市场化后商业银行的利率风险将骤然增加，流动性管理的难度也将加大。在这种情况下，商业银行不仅要考虑利率波动对自身头寸的影响，还要考虑利率风险对经营策略的影响。利率风险管理不仅涉及自身资产价值，更是一种业务发展的策略。如何有效管理利率风险是国内商业银行面对的难题。

3.利率市场化将增加商业银行的信用风险。信用风险又称违约风险，是指交易对手未能履行约定契约中的义务而造成经济损失的风险，银行信用风险最主要的表现形式是贷款违约。金融市场由于信息不对称而产生的逆向选择和道德风险将随着利率市场化的进程而表现得日益明显。在利率市场化的过程中，如果商业银行提高利率，将会筛选掉低风险项目的借款人，导致高风险借款人驱逐低风险借款人，出现借款人逆向选择（adverseelection）的现象。在银行委托代理机制不健全的情况下，银行经理人员的放纵会使这种逆向选择与风险激励的负面效应进一步放大。与此同时，由于银行同时拥有决定贷款与否的权力和贷款价格决定的权力，就有可能会出现"人情利率"和借机提高贷款利率的政策性漏洞，这就蕴藏着"金融腐败"的风险。

4.利率市场化将影响居民的投资行为和渠道。由于居民投资理财的渠道相对有限，替代银行存款的固定收益证券品种极度缺乏，我国的社会保障体系还不健全等原因，导致我国的居民存款出现持续增长的现象。而随着市场经济体制改革的不断推进以及金融体制改革的逐步深入，一系列制约居民储蓄行为的变量会发生相应的变化，特别是投资渠道的增加，居民有更多的投资选择，居民的投资行为会对利率变化越来越敏感。如近年来，居民储蓄存款的期限结构出现了短期化倾向，这在一定程度上增加了商业银行管理头寸的难度。

三、商业银行应对利率市场化影响的措施

由于法人治理结构不健全，银行内部管理层次较多，风险控制机制不完善，利率定价和风险管理经验缺乏等因素的影响，商业银行在利率市场化过程中会面临着较大的风险和挑战。因此，商业银行只有及早转变经营理念，调整经营战略，理顺管理体制，改进风险管理，加快金融创新，培育竞争优势，才能适应利率市场化改革的进程，保持稳定健康的发展。

（一）做大做强传统的信贷业务，同时大力发展中间业务

利率市场化会直接冲击银行传统的信贷业务，减少银行的利差收入。银行可以通过提升产品质量，提高服务水平来吸引客户，实现规模上的优势，做到薄利多销。

与此同时，还应大力发展银行中间业务，寻找新的利润增加点。商业银行的中间业务是指不构成银行表内资产、表内负债、给银行带来非利息收入的业务。中间业务是一个很好的利润增加点，对改善收益结构和降低风险具有重要意义。大力发展中间业务，提升其在银行利润来源中所占比重，可以降低银行利润对利率的敏感度，减少利率市场化带来的冲击。

（二）转变经营理念，全面实施以效益为核心的集约化经营战略

受国有企业为前身的背景制约，商业银行机构大多比较繁冗，行政干预多于市场手段，商业银行单纯依靠存贷利差和存贷规模扩张就能获取高额利润，但利率市场化将改变这一现状。为了进一步提升自己的盈利能力，商业银行必须全面转变经营观念，从根本上确立实施以效益为中心的集约化经营战略。

对于我国商业银行来说，在利率市场化的条件下实施集约化经营战略必须解决好四个方面的问题：

1.确立以效益为核心的经营管理目标和评价体系，着眼于银行价值的最大

化和资本收益率、资产收益率等效益指标的提高。

2.要按照效益原则进行资源配置，将有限的人力、财力和资金配置到效益较高的地区、行业、机构网点、产品种类和客户对象中去，提高整体效益。

3.实施全面的成本管理策略，以整体的财务成本控制为着力点，科学确定核算单位和指标体系，实行分类成本核算。

4.按照扁平化、矩阵式的管理原则，推行集约化管理模式，强化总行对业务的集中处理和对风险的集中控制，突出分支行的市场营销功能。

（三）积极推进利率风险管理体系建设，引进创新性资产负债管理方法

利率风险是利率市场化后商业银行面临的最大风险，要规避利率风险，必须从制度建设和管理方法两方面来努力。

首先，必须制定科学的利率研究与决策机制，实行以利率风险管理为中心的资产负债管理。

其次，要建立起包括识别、计量、处理和评价在内的利率风险管理的基本流程，将可能的利率风险限制在事先设定的范围之内。

最后，要积极推进利率风险管理工具的开发和应用，如远期利率协议、利率期货和期权，互换和互换期权、利率上限下限和双期权等来规避风险。

具体而言，可以通过资产负债管理创新，引进缺口管理来规避利率波动。如果商业银行存在风险暴露，就必须及时调整资产负债结构，使重新定价的利率敏感资产和重新定价的利率敏感负债相匹配，确保商业银行盈利水平不受利率波动的影响。如果预测市场利率呈上升趋势，则可提前将利率敏感缺口调整为正，即利率敏感资产大于利率敏感负债；如果预测利率呈下降趋势，则可提前将利率敏感缺口调整为负，即利率敏感负债大于利率敏感资产，从而达到规避风险，确保银行收益的经营目的。

（四）逐步提高商业银行定价能力，制定完善的资金定价体系

贷款利率市场化是商业银行市场竞争的关键因素，借鉴外国银行经验，建立科学合理的贷款定价机制，是商业银行应对利率市场化的迫切需要。

首先，商业银行对贷款企业按照风险高低分成不同等级，并确定各等级相应的利率水平，达到有针对性进行授信的目的。同时高度重视对贷款企业风险水平的及时评估，以便进行及时调整。

其次，商业银行在市场基准利率基础上参照合理的成本收益方法确定本行的基准利率水平，使用客户盈利分析模型确定对不同客户的利率水平。

另外，银行业协会还必须加强对商业银行定价行为的约束，防止无序竞争。

（五）强化金融产品和金融服务的创新，调整业务结构

创新是企业生存的命脉，商业银行只有通过持续有效的金融创新行为才能在利率市场化的过程中抢占先机。

一方面，积极开发金融衍生工具，转移利率风险。在利率市场化趋势下，商业银行应加大对金融衍生工具的研究和开发力度，适当权衡利弊，增强操控能力，科学运用规避利率风险的金融衍生工具，进行利率风险的分解和组合，同时也可借助无套利均衡的分析方法，从利率的变动中获取最大收益。

另一方面，通过加大以市场和效益为导向的金融创新，实现银行产品结构的升级，提高传统存贷款业务的赢利水平，特别应重视发展对优质中小企业和个人的资产业务，同时增加对不动产项目和新兴产业的融资，贯彻风险与收益相对称的信贷策略，努力扩大资金运用利差。

四、总结

爱德华·肖认为，"金融短浅在一定程度上是金融资产的实际收益率（利率）受到扭曲的后果"，并认为"实行金融自由化的实质是放松实际利率的管制"，也就是利率由市场机制决定。因此，为努力适应经济发展对国内银行业的要求，国内商业银行应积极学习和借鉴国际金融市场中的先进技术和经验。本文在此认知下，通过对利率市场化的理解，详细介绍我国利率市场化的进程，从不同角度阐述了利率市场化给国内商业银行带来的机遇和挑战，并提出了应对利率市场化的对策。我们相信，随着各种金融法律法规的不断完善，金融体制改革的不断深化，商业银行的努力拼搏，我国商业银行业会有更加广阔和美好的明天。

【参考文献】

[1] 徐文彬.发展中国家金融深化进程中的利率市场化改革［J］.哈尔滨

金融高等专科学校学报，2004（5）.

　　［2］蓝德彰（JohnD.langlois）.利率管制与风险定价［J］.财经，2003（3、4）.

　　［3］田晓军.银行再造与集约化经营：中外银行经营转型的比较与借鉴［J］.国际金融研究，2003（2）.

（本文完成于2012年5月30日，指导教师：杨日新）

后 记

　　《开放大学学习指要》一书的编撰出版，始终是在岳阳开放大学（岳阳广播电视大学）党委行政的领导下有序推进的。全书由岳阳开放大学（岳阳广播电视大学）校长乐艳华同志担任主编，岳阳开放大学（岳阳广播电视大学）教务处处长、副教授杨日新同志，岳阳开放大学（岳阳广播电视大学）开放教育学院院长刘涛同志担任副主编。

　　书稿编撰的具体分工是：黄湖滨同志负责第一章的编撰，各章节后面"思考与训练"的设计，附录所收文章的选编和全部书稿的统筹、编辑、审定工作；杨日新同志负责第三章第五节的编撰，第三章全章节的统筹和全部书稿的初审工作；刘涛同志负责第二章第一节、第六章部分内容的编撰和第二章全章节的统筹；易蕾同志负责第二章第二节、第三章第一节、第七节、第八节的编撰；李小雄同志负责第二章第四节、第三章第四节、第四章、第五章的编撰；王亚辉同志负责第三章第二节、第六节的编撰；李芳芳同志负责第二章第三节、第三章第三节、第六章部分内容的编撰。

　　全书由乐艳华同志负责最后统稿。杨日新、刘涛、易蕾、李小雄、王亚辉、李芳芳等同志参与书稿清样校对，由乐艳华、黄湖滨同志完成书稿清样终校。

《开放大学学习指要》的编撰出版，得到了团结出版社、岳阳开放大学（岳阳广播电视大学）、岳阳鑫容印刷有限公司等单位领导、专家、同事、朋友的关心、支持、合作和帮助。在此，一并表示衷心的感谢！

由于成书时间仓促，编者水平有限，本书的毛病和不足肯定不少，欢迎大家批评指正。

编　者

2021年6月18日